U0944176

行为心理学④

行为主义背后的心理学原理

[美] 约翰·华生◎著　刘霞◎译

天津出版传媒集团
天津人民出版社

图书在版编目（CIP）数据

行为心理学.4 /（美）约翰·华生著；刘霞译.—天津：天津人民出版社，2021.5
ISBN 978-7-201-15138-0

Ⅰ.①行… Ⅱ.①约… ②刘… Ⅲ.①行为主义—心理学 Ⅳ.①B84-063

中国版本图书馆 CIP 数据核字（2021）第 227606 号

行为心理学.4

XINGWEI XINLIXUE·4

出　　版　天津人民出版社
出 版 人　刘　庆
地　　址　天津市和平区西康路 35 号康岳大厦
邮政编码　300051
邮购电话　（022）23332469
网　　址　http://www.tjrmcbs.com
电子信箱　reader@tjrmcbs.com

责任编辑　郭晓雪
装帧设计　张文艺

印　　刷　三河市兴达印务有限公司
经　　销　新华书店
开　　本　710 毫米 ×1000 毫米　1/16
印　　张　17
字　　数　220 千字
版次印次　2021 年 5 月第 1 版　2021 年 5 月第 1 次印刷
定　　价　50.00 元

出版说明

这是华生《行为心理学》系列图书的第4本，都是根据华生的学术著作和论文选译的，非全译本。因为本书的定位是梳理华生的行为主义心理学理论，再加上与《行为心理学》第1部出版时间相隔数年，因此，我们在编辑的过程中，把之前三本著作中的部分理论也收纳在了这一本书之中，以更好地让读者了解行为主义的心理学理论。

PREFACE
推荐序

“给我一打发育正常的婴儿，无论他们有着怎么样的遗传特征、能力、文化背景、家庭，从中随便选出一个，让他在我所构建的世界里成长，我都能将他训练成你想要的任何类型的人——医生、律师、富商、艺术家，或者是小偷、乞丐。”行为主义创始人约翰·华生的话语，简单直接，却格外蛊惑人心，将他的思想体现得淋漓尽致，发挥出了意想不到的效果。

华生出生于美国南卡罗来纳州。父亲是一个农场主，母亲则是一个虔诚的信徒，她希望儿子长大后能成为一名牧师。于是，华生在严格的教规下长大，这也是他反感宗教的原因。

华生的父亲是一个脾气暴躁且不负责任的人。华生13岁那年，父亲抛下了他和母亲。这对于孩子而言不啻是一个沉重的打击，后来成名之后，华生再也没有去见找上门来的父亲。

华生12岁进入公立学校学习。因为来自偏僻的乡村，他很难融入同学之中，同学也时常嘲笑他，导致他一直情绪不稳，学习成绩也很一般，甚至经常打架斗殴。他年少时两次被捕，不良记录差点使他无缘进入大学学习。

16岁时，华生说服了符门大学，成为那里的一名正式学生。因为家境窘迫，他只能在化学系的实验室打工来维持自己的生计。正是在这里，华生遇到了一位老师，让他开始了解心理学，这个老师的名字是莫尔。

在学校里，华生经常有意与莫尔发生冲突。莫尔对学生说，不交作业的期末成绩不及格。华生为了观察莫尔的态度就故意不交，结果期末考试真的不及格，于是他不得不重修一年补上了莫尔的课程。华生对这件事耿耿于怀，他发奋学习，发誓要让莫尔在心理学研究方面向自己求助。后来，莫尔给已经担任霍普金斯大学系主任的华生写信想要成为他的研究生，可惜莫尔的视力出了问题，最终也没能如愿。不过，华生也算是得偿所愿了。

从符门大学毕业以后，华生去小学任教一年，他依然希望自己能够在心理学方面继续发展。那时候，莫尔在芝加哥大学任教，他写信给华生，希望华生申请芝加哥大学的研究生。华生进入芝加哥大学时经济十分窘迫，在紧张的学习之余还要为生计打工。最初，华生跟随杜威学习哲学，但是后来他转系学习心理学和生理学。

3年之后，华生拿到了博士学位，之后的几年他在芝加哥大学当讲师。在这段时间里，他没有停止学习和研究，对动物行为的研究偏好也表现得十分明显，工作之余，他做了大量的实验研究动物的行为。他的行为主义思想就这样慢慢开始形成了。

后来，华生拿到了霍普金斯大学的心理学教授职位，霍普金斯大学开出的优越条件让他告别了芝加哥大学。在霍普金斯大学的这段时间，华生迎来了他学术生涯中最为辉煌的时刻。

1920年，华生的个人生活问题使他不得不辞职。离开霍普金斯大学，华生辉煌的学术生涯暂时中断了。第二年，华生进军商业界，他运用掌握的心理学知识，在进行广告宣传以及促销时，采取了行为主义的方法，在心理学界以及商业界都引起了巨大的反响。此外，华生还在许多学院进行了多次关于行为主义的讲座，他所传授的行为主义理论受到了人们的热烈欢迎。之后的几年，华生陆续出版了几部关于行为主义的著作。1947年，华生退休，并搬到康涅狄格州的农庄安度晚年。

1957年，因为华生对心理学发展所做出的巨大贡献，美国心理学协会为年近八旬的他颁发了金奖，颁奖词是这样说的："……他的工作是构成现代心理学形式与实质工作的决定性因素之一，心理学界这一场思想上的革命正是由他所发动的，而他的作品正是富有成效地研究这一航程那历久不变的起点。"官方的承认，让华生很高兴。

在现代心理学的发展史上，行为主义做出了巨大贡献，在很长的一段时间里，它都是心理学界最为先进的思想。华生创立行为主义也并非偶然，可以说是顺应了时代的要求。那时，对于心理学的研究已经出现了行为角度的倾向，而华生正是顺应这一趋势，强化了行为研究的观点。他对贬低意识的机能心理学的传统思想予以继承与发展，同时还吸收了动物心理学中所采用的客观研究方式，并对所有的这些理论和观点加以系统化，于是行为主义就这样诞生了。

在华生看来，假如心理学真的变成一门科学，那就不能去研究情绪、潜意识等这些无法直接观察到的东西，而是要对可以观察到的现象以及行为进行研究。因为在他的眼中，精神分析的研究对象无法直接观察，也就无法进行直接测量，他甚至还直接指出这个流派不会有什么好的发展前景。

正是因为行为主义的诞生，心理学才真正摆脱了哲学以及神学的桎梏，也是心理学迈向成熟科学的重要一步。社会不断地发展，科学思想也随之发生了改变，行为心理学也随着社会的发展而不断发展，而当时社会的局限性也使得行为主义有许多观点渐渐变得有些不合时宜，比如“刺激—反应”这一理论就在一定程度上略显片面。不过这也足以说明心理学的发展是随着社会的发展和人们的认知水平而发展与提高的，也会随着其内部问题的解决而不断更新。这也告诫了从事心理学研究的人们要正确认识存在于心理学中的局限，在正确把握时代脉搏的同时，对于自己的理论和思想要进行不断地发展与创新。

行为主义的应用价值是显而易见的，无论是对于习惯的养成、行为的矫正方面，还是对于今天的心理学研究及发展，都有着重要的指导意义。对于庞大的社会群体而言，了解并且掌握一些基本的科学方法能够更好地维护身心健康。

初次接触行为主义的读者，通过阅读本书可以了解到这位心理学大师的独到见解。本书内容由浅到深、由易到难，对于高级心理活动的生理基础进行了循序渐进的讲解。特别是情绪反应的起因、情绪反应的发展、如何对情绪反应进行强化、如何使情绪反应消退、如何对情绪问题或者是情绪疾病进行处理和治疗的叙述和讲解这些内容，尤为细致易懂。相信经过认真学习，能够让读者对自己的行为进行科学的认识与了解，从而把握自己的行为习惯，合理规划与安排自己的精神生活，还可以更加健康科学地教育孩子。而书中对于人格的叙述则能够让人们对自己、对他人进行更好的认识与了解，从而促进人们建立良好的人际关系。

PREFACE
译者序

心理学从哲学中脱离出来变成一门独立的学科，至今不过一百多年。心理学在走向成熟并且发展壮大的过程中有两个重要的转折点：一是由华生在1913年提出的行为主义，二是20世纪60年代之后蓬勃发展的认知心理学。其中行为主义在心理学领域长时间居于统治地位，可以说它是西方心理学史上规模最大、影响最大的心理学流派。

行为主义深受达尔文进化论的影响，在发展上借助了实证科学。行为主义心理学有两大特点：一是在研究对象上以外显的行为代替内隐的心理、意识；二是在研究方法上强调客观观察和实验，反对内省。这就使得心理学逐渐走向自然科学的道路。

初次接触主观心理学的人可能会遇到这样一个问题，那就是原本自己身处一个能够把握、操纵、改变的有形的世界，但是触碰到它之后才发现自己又远离了这有形世界的一切，面对的是一个主观上定义的、无形的世界。理解这些心理学内容，要花费很长的时间。对于内省心理学所讲述的问题，事实上能完全看明白的人很少。在这一点上，行为主义显然与主观心理学之间有着很大的不同。行为主义既朴素又严谨，而且理解起来也十分容易，稍加阅读就会很快明白其论述的问题是什么。除此之外，行为主义心理学所研究的是这个有形的世界，所以在对其进行理解时，也不需要将物理学、化学、生物学与之割裂开来。

华生通过实验，从人类的行为以及动物的行为中找出规律，并将其应用于对人类行为的解释与控制方面。行为主义在实践中发挥出了十分积极有效的作用，很快就在社会上掀起一股潮流，得到了很多社会力量的支持，从而能够广泛地传播。

20世纪中叶新科技革命兴起，计算机和信息科学技术飞速发展，认知心理学出现，向行为主义发起了有力的挑战。同时，行为主义的内部也认识到自身的局限性，发现通过动物实验得出的结论并不能完全应用到人类身上，人类的言语学习就是一个很好的例子，这是无法通过研究动物得到启示的。尽管如此，行为主义还是对心理学以及其他科学的发展产生了深远影响。

在如今的行为矫正、心理治疗，甚至人工智能等领域，一些行为主义的思想以及实验技术依然发挥着重要作用。兴起于20世纪中叶的行为科学对人的行为进行研究，也对动物的行为进行研究，科学的方法论以及经验性质是它所强调的。通过行为科学研究，人们能够从人类的行为活动中得出结论，并对社会现象的发展变化趋势进行预测。很显然，行为科学也同样得益于行为主义的思想。

对行为主义进行了解有着特别重要的意义。作为心理学史上的重要学派，行为主义为心理学走上自然科学道路做出了重大贡献。行为主义是一门精妙入神的科学，对它的基本观点、产生的背景以及演变过程进行了解，有助于大家了解心理学的发展，并且有助于对于心理学的学习。

华生从行为的多个方面展开论述，向大家展示了他一生的思想精华。通过华生的思路和方法，我们可以真正地了解心理学、把握心理学现象，并且可以有效地解决心理问题。很显然，能够自己掌握一些科学方法，对自己的心理健康进行及时的维护和调节，要比面临心理问题困扰时再去寻求治疗要好很多。

华生曾经指出，人们在向心理学家进行心理咨询时，可能被过去的自己所控制，这种情况下心理学家得出的结论和了解到的人格并不一定真实。它所反映的往往都是心理学家从前的习惯机制，折射出的往往都是心理学家自己的人格阴影，暴露出来的也往往都是心理学家自己的喜恶。所以华生强调客观，无论是对待他人还是对他人进行观察时，都要坚持客观主义基本原则。

此外，华生所提出的关于习惯受到环境的影响、消极反应的积极影响，以及后天学习、终身学习等论点，对于我们而言都是非常有价值，并且值得去进一步研究与探讨的。

虽然华生的观点带有时代局限性，但依然能够为我们提供很好的指导，也值得我们阅读、了解。在这里，你总能找到你想要的知识作为生活的参考。本书能够为广大读者提供一条步入心理学领域的理想途径，相信各位读者在阅读完本书之后将会受益匪浅。

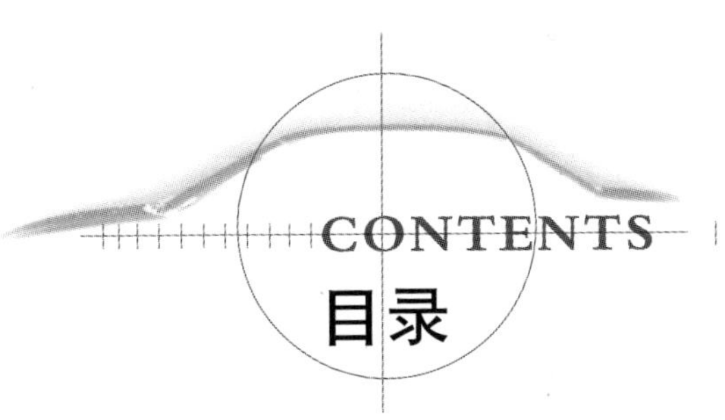

CONTENTS 目录

Chapter 01 行为流派：行为主义的界定

Chapter 02 人类行为：如何研究人类的行为？

Chapter 03 肌肉与腺体：人体各部分的结合及其运作

Chapter 04 人类的习惯：条件反射与人类习惯研究

Chapter 05 人性的本能：是否存在人类的本能？

Chapter 06 情绪心理：情绪领域及其实验研究

Chapter 07 情绪研究：情绪心理的进一步实验与观察

Chapter 08 嫉妒解析：嫉妒的产生、形式与结论

Chapter 09 言语和思维：行为主义的一些观点和解析

Chapter 10 人格主义：人格解析与本性的派生物

Chapter 01

行为流派：行为主义的界定

在开始对行为主义进行研究以前，我们先来探讨一下传统的心理学流派。这样做是相当必要的，不要认为这是在浪费时间。还有一点我想我需要指出，那就是迄今为止，我们都没有任何想取代冯特、詹姆斯、铁钦纳、麦克杜格尔、安吉尔、贾德等人的“内省心理学”的意思。

几乎所有心理学流派都在宣扬“心理学的论题是意识”，唯独行为主义者坚持“人类的活动以及行为才是心理学的论题”，从这一点上来看，新旧心理学还是比较容易区分的。在行为主义者看来，“意识”只不过是对古时候的旧称“灵魂”的另一种称呼，这个概念实际上并没有太大价值，而且人们也没有什么切实有效的方法去对其进行界定。由此，旧心理学中存在一种十分微妙的宗教哲学，并且隐隐受其控制。

1. 当代内省心理学的哲学背景

对于“灵魂”这一概念，没有人知道它是如何产生的，而那些超自然的观念是如何产生的，同样也无人知晓。早在还需要人们使用双手来进行狩猎、取火的原始社会，就已经有一些人拒绝使用双手，并且能够敏锐地观察到人类的本质了。

树枝折断所发出的声音、滚滚雷声以及一些巨大的响声都会让原始人类感到恐慌，每每遇到这样的情况，他们便会停止狩猎并且找地方躲避起来。有些敏锐的观察者发现了这一点，于是他们便想出了一些方法，并且通过这些方法对人的行为进行控制。比如，大人会告诉孩子，如果不听话就会被某些邪恶的人抓走，于是大人便控制了孩子的行为；如果布满乌云的天空雷声滚滚，那些做过坏事的人就会担惊受怕。

后来，原始时代那些敏锐的观察者成为“巫医”，他们对于人类行为的控制不再仅限于大自然的力量，而是通过一些象征、符号、仪式等建立起一些比较复杂的控制。他们之中那些精于设计的人，往往收获颇丰。后来又出现了同种类型的人，他们有着不同的称谓，比如预言家、占卜师等等，于是能够引起人们条件性情绪反应的方式与方法渐渐多了起来。再往后，随着这一类人数量的增加，教会、宗教、教堂、寺庙等应运而生。无一例外的是，他们都是由巫医来主持的。

恐惧刺激往往很容易控制人类的行为，这一点我们从对人类心理史的检验中能够看出。而宗教想要长久存在，就必须依赖于恐惧这一要素。这种恐惧，用他们的说法，就是“恶魔”“罪恶”等。巫医在一个小范围的“家庭”中扮演一个相当于家长的角色，而上帝则是在一个大范围的社会群体中扮演这一角色。这样一来，人们的态度就会变得越来越趋向于权威，并且对那些施加在自己身上的概念从不怀疑。

对于这个概念，有这样一个例子：在这个世界上，任何人都拥有一个属于自己的灵魂，这个灵魂是可以与他的身体相分离的，而每一个灵魂又都是上帝的组成部分。“二元论”的哲学学说便是由此而来。这也就是说，人类是由身体和灵魂两个部分组成的，早在远古时代，人类心理学之中便有这种说法了。可以说，除了行为主义，其余的心理学都是二元论的。

不过，灵魂究竟是什么样子的，没有人见过，也没有人接触过，更不曾有人与它像跟日常事物那样产生过什么联系。以前，如果有人这对灵魂的存在提出异议，就会被当成异端，还会面临生命危险；即使到了现在，人们也不敢对这种大众的观点发表什么不同的意见。

自然科学在文艺复兴时期得到了飞速发展，许多领域中的理论都有了划时代的发展，并且取得了突出的成就，此时，人们才渐渐开始摆脱灵魂的镣铐，以科学的眼光去看待天文学、物理学等。早期的科学家虽然也是从虔诚的教徒中走出来的，但是他们已经在尝试着去摆脱他们那个试管中的灵魂了。而哲学与心理学却不像自然科学那样，它们所研究的仍然是那些非物质的东西。直到19世纪后半叶之前，人们一直都没有摆脱灵魂与心灵的概念。

1879年，冯特在德国的莱比锡大学建立了首家心理学实验室，他的学生说：“我们不再需要灵魂这一概念，心理学至少已经称得上是一门科学了。”但是从事实上来看，冯特和他的学生只是用“意识”代替了“灵魂”，这只能说是伪科学。然而对于这种伪科学，我们却在过去的50多年里一直维护着。

2. 对意识的检验

意识从冯特时期就已经成为心理学的主要观点。时至今日，意识已经成为除行为主义心理学以外的其他所有心理学的主要观点。不同种类的心理学提出了一个共同的设想，对于这一设想，人们没有找出一个合适的方法去证明它，更不用说实现它了，这就如同人们无法证实灵魂这个旧的概念一样。在行为主义者的眼中，从本质上来看，意识与灵魂是相统一的，都是形而上学的问题。

威廉·詹姆斯曾经对心理学做出过这样的定义："对意识形态的描绘与阐释就是心理学。"这个定义事实上非常容易理解，詹姆斯直截了当地提出了他的设想，这是他想要设法证明的，而他为了躲避其中的困难而屡次进行解释说明。当人们看到血液觉得那是红色时，当人们产生了某种观念或者是想法时，当人们渴望去做一些事情时，当人们想要做一些事情时，当人们企图去做一些事情时，可以说所有人都是有意识的。是的，我们都知道什么是意识，但是这一概念并不是科学的。同样的，所有内省主义者只是通过假设的方式将意识赋予一些事物，但是他们都没有告诉人们意识究竟是什么，这也就是说，他们的想法事实上并不符合逻辑。所以对意识开始进行研究和分析时，他们自然而然会发现那些曾经赋予事物的意识，最后，人们通过心理学家的剖析找出了许多因素，例如"知觉"与"映像"，等等。

一个人在同其他人待在一起时，能发现很多东西，有"感觉"，也有"情感因素"，还有"意动因素"。假如与这个人在一起的是一群心理学家，那么他所能得到的感觉就会有成百上千种；假如与这个人在一起的只是一群普通人，那么他所能得到的感觉就只有寥寥几种。人们对意识进行详细的解析之后，才发现人的成长并非如同植物的生长一般，毕竟人类并不是一种化合物。所以，在面对意识时，我们又应当如何去做呢？意识存在于人们的内部，想要分析意识，就只能通过“内省”的方式来进行。这也是我们所得出的结论。而想要从实际上解决心理问题的方法是没有的，这一点我们可以从其他心理学家的分析中可以看出。

3. 行为主义的出现与纲领

当人们还在寻找那些无法确定或者是几乎不可能实现的东西时，行为主义者早就已经不再满足于此。他们看到其他领域已经取得了巨大进步，这样的进步在医学、物理学、化学中尤为明显，于是他们明白了，想要让心理学真正成为一门自然科学就必须要放弃心理。你们或许已经注意过成千上万种发现，比如胰岛素，比如无线电报，比如甲状腺素等等。在医学、化学等领域中的情况其实也一样，所有新发现的性质都非常重要，所有新要素都能从不同的实验室被分离出来，而它们能被直接进行处理，其基础正是科学。人们将这些因素分离出来，将这些方法展示出来，并让它们为人类的成就服务。

使方法和课题相一致，提出自己的心理学公式，摒弃所有中世纪的旧观念、旧概念，正是行为主义者如今的第一要务。至于那些主观的东西，无论是愿望、观念、感觉，还是主观上的思维与情绪，都应当被抛弃。

那么，我们为何不去研究那些在实际的心理学领域所能够观察到的东西呢？我想有一些行为主义者会产生这样的疑问。其实这个道理很简单，对于那些我们能够观察到的东西，如果我们将精力集中于此，就会发现我们对此进行的解释说明所涉及的内容仅仅是它们的规律。并且很显然，我们现在所观察到的正是行为，无论是那些我们自己内在的语言，还是那些外显的语言，都是一种行为，而思维也是一种行为，一种客观行为。

那么，我们所看到的那些行为可以用“刺激”与“反应”来形容并且描述吗？在一般情境中的任意客体在组织内产生的变化或者是因为动物的生理情况在组织内产生的变化，就是我们所说的刺激。比如我们对动物进食进行阻止以后所产生的变化，比如我们对鸟儿筑巢进行阻止之后所产生的变化。动物所做出的任意一种动作行为，我们都称之为反应。比如猫会因为突然的一声巨响一蹦而起，比如蛇总是会躲避炽热的阳光而躲在阴凉的角落，比如人们建造高楼大厦。

一个人的行为开始于婴儿时期，而刺激和反应也基本来源于这婴儿的社会。不同地区的人受到不同的地域文化、生活习惯或者社会规则等的影响。而行为主义者在这其中所起到的作用不是探讨那些规定或者习惯对于人们所起到的影响，也不会去探讨它们对人们有利还是有弊，他们的作用是在自己的能力范围内，依据这个社会所给出的规定来告诫人们："若你想要所有人的行动都依照某种方式，那就必提供某种合适的情境。"

所以，我们需要一种行为上的道德规范，因为它能以我们的自身状况以及未来的发展状况为出发点来告诉我们究竟怎么做会比较好。比如禁酒还是不禁酒，死刑还是其他惩罚措施，离婚还是不离婚，制定行为规范还是不制定行为规范，在一个家庭生活还是在几个不同的家庭生活，等等，它都会指导我们做出正确的选择。

4. 行为主义者关于成人问题的研究

像在其他领域工作和研究的人们一样，行为主义者也在努力进行研究和工作。将行为的事实进行整合，并且对这些资料加以验证，使这两者能够隶属于数学与逻辑学，正是行为主义者工作的唯一目的。

为了能够理解行为主义而对人们进行观察可以说是行为主义的一个基本的起点。你们会发现，在心理学研究之时，自我观察是一种不可能的办法，而不是你们认为的最为自然、简单的办法。因为你们在进行自我观察时能够观察到的只是一个人最基本的反应方式。举个例子：当观察你们的邻居，研究他正在做的事情时，你们会不自觉地为他创设一种情境或者是找出一个理由，以便让他可以按照你们所想的进行下一步的行动。

而在成人问题的研究方面，行为主义者也有自己的问题。在面对成人问题时应当用怎么样的方法，是值得我们探讨的。比如在教给人们经商的习惯之时，探讨如何教、用什么样的方法教。人们的言语思维习惯还有操作习惯必须已经形成，并且还需要这两者结合在一起。而在人们的这些习惯都已经形成以后，为了使他们的水平可以维持在一种高度有效的状态，并且能时常得到提升，我们需要围绕着人们建立一些能够发生变化的刺激系统。

除去职业习惯问题，情绪生活问题也是一个值得研究的问题。试想一下，我们从童年时期继承了多少情绪生活，这其中有多少阻碍着我们适应当前的情境，而我们在面对此种情形时，又应当如何做才能不再受到这部分的影响，并且摆脱它们。换句话来说，就是让它们在无条件反射是必要的情况下，处在一种无条件状态之中；而在条件反射是必要的情况下，处在一种条件状态之中。

但是事实上我们并不知道内脏习惯或者情绪习惯应该形成的数量以及类型。或许因为内脏习惯顺应不良，成人所经历的更多的是磕磕绊绊的家庭生活以及起起伏伏的商业活动，而这些更甚于言语成就与操作成就等方面的技能的匮乏。

能够用于工作的技能人们都已经具备，然而很多人因为不知如何与人相处而屡屡失败。因此，如何调节人格以及人格的适应问题已经成为当今世界各个领域之中最为重要的问题之一。

5. 行为主义的方法排除了心理学吗？

行为主义对于心理学的概括或许会令人们感到惊讶。他们会问："我难道不能去根据自己的意愿来选择做什么事或者不做什么事吗？我难道不能因为看到某一事物就感到快乐或者悲伤吗？我难道不能忘记或者是记起一些人吗？这些是我从童年时期便已经坚信不疑的事情，难道行为主义想要将它们从我这里剥离吗？"

是的，行为的研究只是心理学的一部分。虽然对于人类行为的研究非常有价值，但是也不能就此认为这就是心理学的全部，因为它没有涉及的东西还有很多。而人们所提出的这些问题，显然是造成内省心理学的原因。试想一下，如果我们没有将内省心理抛弃，那么我们在阐述自己的心理生活时，又怎样才能根据行为主义来开始呢？如果将行为主义比喻成一种新的美酒，我正在为它设计一款新的瓶子，所以它并没有被装在旧的酒瓶之中。而现在，我对你们的要求，就是将你们的自然对抗性减弱，放弃从前的假设，接受我的行为主义观点。我希望在我讲完以后，你们再次面对你们先前所提出的问题之时，可以用一种自然科学的方法来进行解答。

6. 行为主义的界定

如今，一门科学的定义已经不再像从前那样，它们不再带着大众化的意味，而是包含着所有科学的内涵。行为主义也是如此，我们的定义中包含着整个自然科学。人们所生存、适应的全部领域都是行为主义的研究对象，而与行为主义者最为亲近的是生理学，它是行为主义的好伙伴。或许你们会好奇：如果是这样，那么行为主义究竟如何与科学进行区分呢？其实，行为主义与生理学最大的不同并不在其特定的观点或者它的基本原理上，而是在问题的归类上。生理学对于动物器官功能的研究会更多，比如动物的神经、消化、排泄等系统；行为主义虽然也会这些器官的功能有所涉猎，但是更多的还是研究这些动物从早到晚的行为。

人们的行为对于行为主义者而言有着莫大的吸引力，因为他们试图对人们的行为进行控制，这就像是一些物理学家总是想着控制自然现象一样。预测并且掌控人们的行为，是行为心理学所追求的事业。想要做到这一点，想要通过提供的刺激来对人们将要发生的反应进行预测，想要对特定的反应进行陈述，必须建立在大量科学实验数据之上。

7. 什么是刺激?

人们的瞳孔会在眼前突然出现强光时迅速收缩，在全部的灯光忽然熄灭时迅速放大；距离自己很近的位置突然发出一声巨响，每个人都会吓一跳然后转头望去；屋内忽然变得很冷，人们会瑟瑟发抖；屋内忽然变得很热，人们会出汗甚至解开上衣的扣子。

刺激能够在我们体内那个更为广泛的领域发挥它们的作用。比如胃会在你感到饥饿时收缩，而你吃饱后它就会停止收缩。我们身上的肌肉所受到的刺激来自于血液，也来自于它们自身的反应。肌肉无时无刻不处在一种张力之中，而这种张力的增强会使得肌肉变紧张，同时引起刺激的发生，并且其他部位的肌肉也会出现其他的反应；而张力的减弱也同样会引起刺激的发生。

因此，我们的身体总是不断受环境客体的刺激，我们的体内也因为组织自身的变化而不断遭受着刺激。但是，对于人的体内比体外更加神秘或者不同的这种观念，是一定不能接受的。

人们在不断进化的过程中获得了眼睛、鼻子、耳朵、舌头等感觉器官，同时还获得了肌肉系统，而这些肌肉既是感觉器官也是反应器官，其中还包含非横纹肌与横纹肌，它们都在人类的行为方面发挥着重要作用。

8. 如何不断扩展我们的刺激范围?

在行为主义者的所有问题中，有这样一个的问题：对个体反应的刺激范围进行不断扩展指的是什么?

这个问题看起来太过清晰，以至于当我们阐述反应能够被预测之时会让人们感到疑虑。对于人类行为的成长与发展，假如人们予以足够关注的话就一定会发现，婴儿的反应虽然会受到很多刺激的影响，但是也可能会出现另外一种情况，那就是也会有很多刺激无法使婴儿发生反应。无论使用何种方法对婴儿进行刺激，那些他们以后才能做出的反应在此时都是无法做出的。比如我们将一沓稿纸拿到婴儿面前，或者是将一份名曲的乐谱展示给他们，他们一定不会让你看到你所期望的反应。这也就告诉我们，任何习惯的形成都具有一定的条件，它只有在刺激开始有效之前出现才行。至于那些基本不会引起反应的刺激，还有这些刺激的含义，我之后会和你们进一步探讨。我们在对“条件反射”进行描述时，会用到这个普通的术语。对于条件反射，我们之后也会进行充分的研究与讨论。

婴儿的条件反射让行为主义者遇到一个问题，就是对特定的反应进行预示会变得很不容易。通常情况下，看到一匹马不会引起人们害怕的反应，可是也有些人在走夜路时不愿意迎面遇上一匹马，所以每当他们远远地看到有马匹迎面走来，就会躲到路的另一边。虽然对于这种成人为何会产生此种心理我不会让我的学生去调查，也不会对这种事情的存在进行预示，但是作为一个行为主义者，我看到这样的情况很容易产生一种想法，那就是我想知道这一类人他们之前都有过怎样的经历，还有这些情况在他们这种不正常的反应中究竟起到一种怎样的作用。

9. 行为主义者的反应是何意?

有机体从出生到死亡的过程会一直处于外部与内在的刺激之中，这个事实，行为主义者早已指出。当有机体受到刺激时，它就会做出一系列相应的反应，或者是产生运动。但是，这种情况有些时候看起来并不明显，或者是它所表现出的运动状态非常微弱，甚至有时只能通过仪器观察才能看出。不过，这样的情况比较少，也只有呼吸上的变化、血压的升降变化或者在眼睛的运动上才会体现出来。在刺激引起的反应中，整个身体部位的运动是我们最常观察到的，在这种运动里，不管是手臂、腿，还是躯干，都会参与其中，有时，这些器官也会共同运动。

因为有机体对于刺激做出了反应，所以才会让自身感到适应，大多数情况下都是如此，不过有时候也会有例外的情况出现。若有机体的生理状态发生改变是它自身的运动，并且它不会再对这个刺激产生反应，我们就可以说它已经适应了。这看起来似乎很复杂，所以我举个例子对此加以解释。

假如现在我感到很饥饿，我的胃部就会开始收缩，这就驱使我不断四处走动寻找食物。在这一过程中我发现一棵结满了果子的苹果树，那么我肯定会马上摘下苹果吃。当我吃饱以后，饥饿感已消失，我的胃不再收缩，此时苹果树上依然满满都是果子，但是我已经不会再去摘下来吃了。同时我对周围的冷空气格外敏感，在寒冷的刺激下，为了抵御寒冷我可能会不停地活动着，快速地来回走动甚至绕着树跑步，或许还会挖一个地洞钻进去御寒。

由于一直在强调反应，很多人都对此十分不解，所以行为主义者常常受到责问，甚至有些心理学家还认为行为主义者只对记录肌肉的瞬间反应有兴趣，所以他们认为行为主义者得出的结论对于问题的进一步探究毫无帮助。对此，我想再次强调的是，整个人类行为才是行为主义者感兴趣的地方。行为主义者对于一个人的行为观察，是通过这个人每天从早晨起床到晚上休息这段时间内所进行的日常事务来进行的。比如，行为主义者想要观察一个建筑工人，而这个人的日常事务就是砌砖，那么，他在不同的条件下所砌的砖块数量，或者是持续砌砖而不显得疲倦的时长等，就会被行为主义者记录。有时候，还会观察记录这个建筑工人要经过多长时间才能掌握这门手艺，思考能否通过某种手段让他的工作效率变得更高。事实上，我们只是想通过这样的方式，来表达我们对反应感兴趣的是我们可以清楚地为人们解答这样的问题:“他正在做的事情是什么？为何他会去做这件事情？”所以在我看来，对于行为主义者的宣言，任何人都没有权利将其进行歪曲，更不能说行为主义者只是对肌肉反应进行研究的生理学家。

在行为主义者看来，有一种刺激反应十分奏效并且非常直接。在我们看来，那种到能够将正常阻力克服的刺激就是所谓的有效刺激，在通常情况下，它在从感觉器官到肌肉器官之间的通道中存在着。关于这一点，我希望你们可以明白，我们的观点与心理分析学家偶尔告诉你们的观点并不一致，也希望你们不要将它们混为一谈。假如你们读过这些心理分析学家的书，就可能会认为并且相信今天所施与的刺激所产生的效应，有可能在明天，有可能在下个月，也有可能在十几年后。但是对此，行为主义者绝不会相信。我可以举个例子来对这样一个事实进行说明。

当我给你们一个言语刺激:“我邀请大家在明天下午1点钟来贝尔蒙特共进午餐。”你们的第一反应一定会是:“这真是个很棒的提议，我们会准时赴约。”之后将要发生的事情我们暂且不再进行讨论，而我想要告诉你们的一点是，有一种机制存在于我们的言语习惯之中，因为有这种机制的存在，以至于刺激在反应发生前会时不时地施加一定的影响，一直到反应发生为止。

10. 反应的一般分类

按照常识的角度来看，我们可以将反应划分成两个类型：外部反应与内部反应，也可以说是外显反应与内隐反应，或许后者的表达看起来更加准确一些。人们平时表现出来的那些可以很容易就能被观察到的行为就是外部反应，比如，一个人拿着铁锹在地上挖了一个大坑，一个人坐下来拿起笔给家人写了一封信，一个人随着音乐的节奏开始舞蹈，一个人弯腰捡起掉在地上的网球，等等。这些我们都可以直接观察而不需要使用仪器进行测量。而那些仅发生在人体内部的肌肉与腺体系统的反应则是内部反应。比如，一个饥饿的人徘徊在一家食品店外，这家食品店的橱窗里摆满了各式各样的食物。你看到他时或许会认为这个人正在看这些食物，然而在经过仪器的测量之后，就会发现他的胃部正在收缩，他的血压也产生了变化。其实内部的反应不容易被观察是因为用肉眼看不到，而不是因为它们跟外部反应有什么根本不同。

从是否习得的角度来看，反应可以分为习得反应和非习得反应。那些发生在婴儿早期的反应都在人们的条件反射与习惯的形成之前出现，这些反应就是我们所说的非习得反应；而我们那些复杂的条件反射与习惯就是我们所说的习得反应。很显然，“非习得反应”是先出现的，之后才出现了“习得反应”。非习得行为可以说是不用通过学习就能做到的，比如呼吸、心跳、出汗、瞳孔会随着光线的明暗变化而收缩或者扩大，等等。而习得行为则是需要通过学习和日常积累才能做到的，比如雨天会打伞、看见乐谱会不自觉地哼唱，等等。我们之前提过，反应的刺激范围并非一成不变的，而是不断增加和扩大的。我们成年人的行为，我们所会的事、所做的事有一部分因为“本能”，也就是“非习得的”，但是绝大部分还是习得的，这一点是行为主义者进行了大量的观察和研究得出的结论。不过，“本能”这个词语如今几乎被我们抛弃了。

按照纯逻辑的方式，以引起反应的感觉器官为标志，也能对反应进行分类。比如，新生儿在有光源出现之时，眼睛会不自觉地追随光源，这可以被称为“视觉非习得反应”；青年人在看到书本上的文字时会产生反应，这可以被称为“视觉习得反应”；人在感到饥饿时胃部会收缩，这可以被称为“内脏的非习得反应”。

在行为心理学的领域，行为主义者通过对刺激和反应进行系统的研究和讨论以后，对人类行为的研究有了更为深入的了解，并且从中找出了提供刺激和预测反应会是行为心理学研究目标的原因。

11. 行为主义是心理学的一种现实体系吗?

假如在心理学上精神和意识的存在无法从客观得到证实，那么那些围绕这两者所建立起来的社会科学以及哲学体系又应该怎么办呢？对于这个问题，我们每天都在以不同的态度询问，时而友好，时而不友好。行为主义总是害怕对这个问题进行回答，即使这样的努力是为了自身的存在。它不知道自己是否能够在将来的某一天在这个领域占据一席之地，也不知道自己是否可以向社会科学和哲学提出自己的建议，使其重新思考它们的前提是什么，因为它的领域在那个时候还没有真正成型。

在对心理学问题进行探讨时，行为主义是从方法论的角度来进行的，所以从解决心理问题上来看，它是一种令人十分满意的方法。如今，行为主义已经找到了合适的方法对心理学问题进行合理的阐述，它的地位也因此变得越来越稳固。也正是因为这样，在面对主观心理学家时，行为主义者已经可以自信地从各个方面对其发起挑战。

从心理科学来说，有一种发展倾向出现在过去的10年中，也就是那些心理科学已经渐渐向行为主义靠拢。为此我绘制了一张图表，图表左边是以精神为基础的科学，右边是它们近期的趋向：

受制于意识概念的行为主义	近期显示的倾向
内省心理学	行为主义
机能心理学	

哲学	渐渐消失，变为科学历史
伦理学	完全以行为主义为方法的试验伦理学
社会心理学	对群体的研究已成为行为主义的研究对象
社会学	逐渐与行为主义社会心理学与经济学合并
宗教	逐渐被实验伦理学教育取代
精神分析（以内省心理学和宗教等为基础）	逐渐被行为主义中对人类儿童的研究所取代，该领域所推行的是以儿童条件反射与无条件反射为基础的科学方法。成年人中心理变态的失调与障碍会在研究进入理想阶段时失去存在的理由。

行为主义究竟是一种体系还是一种方法，或许这一次的讨论并未给出完整的答复，但是我相信你们能够看出，在心理与道德科学这一领域之中，行为主义的公式已经成为中心论题。而我也会通过行为主义的方法与公式向你们展示它是如何来解决心理问题的。

Chapter 02

人类行为：如何研究人类的行为？

人类的行为复杂多样，我们通过研究人们的行为特点来对人们心理问题进行分析。而人类行为的研究，首先要搞清楚的是人体反应的根源所在。有机体发生反应的原因是什么？哪些物质参与了反应？想要了解为何人会在不同的情境之中做出相应的行为反应，就必须将这些问题研究明白。

我们以“刺激——反应”的联结来对行为做出解释，这里的刺激与生理学上的刺激用法类似，不过我们在这里对它进行了扩充。

我们通过实验研究发现有机体无时无刻不处在刺激之中，这些刺激有外部的也有内部的。有机体受到刺激会做出一些相应的反应。不过反应并不都是显而易见的，有很多反应并不明显，甚至还有一些反应只有借助仪器设备才能观察到，比如呼吸、血压变化等等。

通常情况下，我们观察到的反应是整个身体的活动。在外界的刺激下，身体中的每一个部位都参与其中，完成整个反应。在这一反应过程中，刺激强度的大小影响着个体的反应强度，也就是说刺激决定反应。

1. 心理问题分析

对于人类有机体而言，刺激的作用尚不明确，但是对于它的研究，行为主义者却从未放弃。行为主义者通过对刺激出现时的组合方式以及其产生作用的时间进行不断更改，来观察当刺激单独出现或者组合出现之时，它们所引起的不同反应，而这也是行为主义者一直都在研究的。

举个例子，我坐在沙发上看书，而我的狗则趴在我的腿边睡觉。如果我将书翻得哗哗作响，那么狗的呼吸会发生一些变化，但是这些变化并不十分明显。如果我将书摔到地上，发出“砰”的一声响，狗的呼吸会发生明显的变化，甚至身体也会有一些轻微的活动。如果我从沙发上站起身来，无论我有没有碰到狗，它都会立刻起身，准备跟我一起出去或者去它的食盆里吃饭。

我们在人类漫长的存在时间里，收集到了无数关于刺激对于人类行为作用的数据。然而我们并不知道应该怎样处理有关问题，所以我们只能回归现实生活，并且将不同的刺激或者是组合好的刺激呈现在人们的面前使他们出现反应。我们对于这些反应抱有很大的期望，希望它们会是符合社会发展?并且是良好的，因为只有这样才不会对社会上早已经确立的传统有所干扰和影响。比如我们提高了我们手下员工的工资，并且向他们出租价格实惠的房子供他们居住。

不过行为主义者有些时候为了使自己的方法能够切实有效，为了成功地复制这种反应，为了找出引发这种特定反应的情境，也会从相反的方向进行研究。而我们也恰恰进行了这样的实验，不过实验的过程就不赘述了，我只将实验结果向你们呈现出来就可以了。而科学的方法所带给我们的不仅仅是发现引起反应的刺激，也让我们从中知道如果通过减轻或者消除这些刺激来达到控制反应的目的。

2. 对刺激的条件化的阐释

我们用刺激与反应来解释心理问题，下面我会用公式来向你们展示这一点，当你们看完就会发现你们的问题已经得到了解释。

我们用单词的首字母来表示，字母S表示刺激，字母R表示反应：

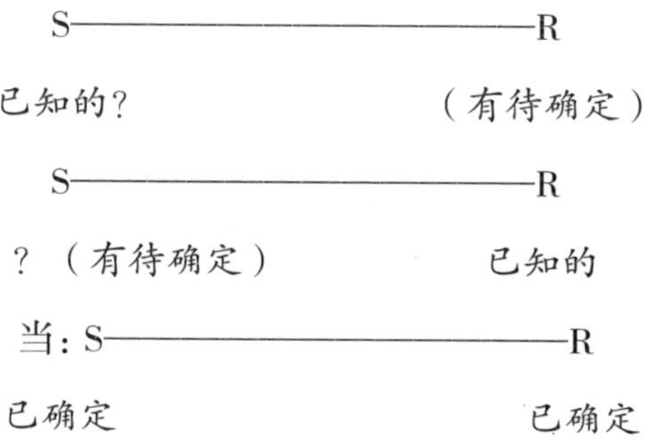

通过我的讲解，我相信你们已经能够明白，那些能够引起反应的刺激事实上一直存在于某个地方，作为实际存在着的实体，它们等待着人们找到它们，并将它们呈现出来。而反应也可以说是一种实体，或者说它也是一种一成不变的东西。就像我曾经说过的，有的刺激在第一次出现时不曾产生什么作用，在此之后也依然不会产生什么作用。

我们可以用上述公式来解释这一点。假设在一个非习得反应之中，刺激与反应都是已知的：

S————————R

电击　　　　　　缩手

我们都知道，如果刺激只是一束光线照射在手上的话，并不会让人产生缩手的反应。但是如果在这束光线出现后电击紧随其后，并经过多次的重复，光线的出现就会使人产生缩手的反应。而此时，我们可以将这束光线称作替代刺激。这就产生了一种变化，也就是我们所说的条件反射。反应没有发生什么变化，但是我们却对引发这种反应的刺激的数量进行了调整，这样的“刺激”被我们称为是“条件化了的”。不过，一定不要忘记，也不要混淆这些概念，当我们既谈到条件反应又谈到条件刺激时，我们所指的不是简单的条件反射，而是这整个形成条件反射的有机体。

还有一些反应是由那些与生俱来的刺激引起的，我们称之为无条件反射。而引起无条件反射的刺激就是无条件刺激，比如因为光线的变化，导致了一个人的瞳孔的变化，轻拍一个人膝盖下面的韧带就会引起膝跳反射，吃山楂会使唾液的分泌增加，皮肤被烫伤时人会尖叫、会哭喊，等等。

对于那些能够让我们做出反应的无条件刺激与条件刺激的总体数量我们不曾统计过，不过我们知道，虽然无条件刺激数量十分庞大，却远远少于条件刺激。举几个条件刺激的例子，比如每一种我们所使用的工具，每一个能让我们产生某些反应的人，书写单词会让一个受过良好教育的人产生反应，并且还是有组织的反应。

我们使用一种刺激来引起一种反应，以这个反应为标准，使用另一种刺激代替之前的刺激来做出同样的反应，这就是我们所说的刺激替代或者是刺激条件化。比如，一个饥肠辘辘的人在看到一块香喷喷的馅饼时，唾液腺就会开始分泌唾液；一个放声大哭的婴儿听到母亲的脚步声时会停止哭泣，很显然，前者是条件化视觉刺激，后者是条件化听觉刺激。

刺激条件化会使得引起反应的事物范围扩大，但是也不能将它的重要性看得过高。而且，我们必须在确定了刺激时，就指明这种刺激究竟是条件刺激还是无条件刺激。

3. 横纹肌和非横纹肌运动反应中的刺激替代：横纹肌反应

引起横纹肌反应的刺激物也是能够替代的，这一点生理学家贝切特鲁已经给我们做出了证明。擦伤、电击或者切割等这几种刺激方法可以说是能够引起无条件反应的最简单的方式。我们用公式来表示这些刺激以及它们所引起的反应：

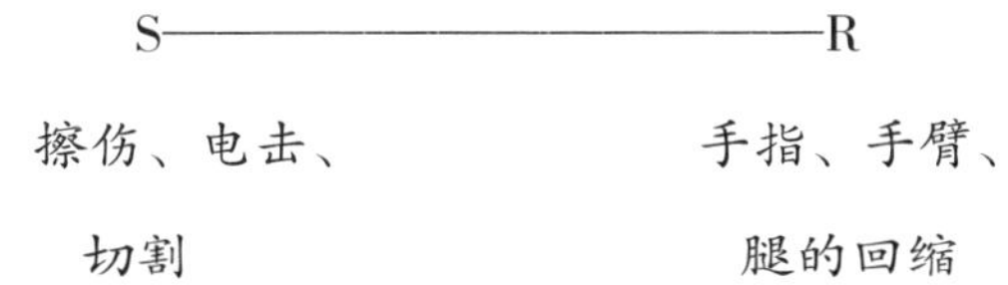

我们用手敲击膝盖下的韧带，小腿就会不自觉地向上弹起，电击也会出现同样的情况，我们可以将每一次腿部的弹跳记录下来。

我们曾经说过，脚的回缩反射通常情况下不会由视觉物体或者是听觉物体所引起，比如说我们听到报警器的声音时，脚不会出现向后缩的反应。但是，如果报警器的声音和电击同时进行，如此反复20–30次以后，再听到报警器的声音时，哪怕是没有电击，脚也会出现向后缩的反应。于是能够引起脚回缩这一反应的刺激的范围就被我们人为地扩大了。

我们以眨眼为例看一下这个无条件的公式：

S————————————R

（1）明亮的光线； 非常迅速地眨眼

（2）向眼睛迅速靠近的事物；

（3）结膜炎或角膜炎；

（4）眼睑自身受伤

一声轻微的敲击声通常不会引起人的眨眼反射，但是如果在敲击声响起的同时眼睑遭受电击，那么眨眼反射很快就能形成，也就是说刺激替代的发生会十分迅速。并且比起无条件刺激而言，替代刺激所引起的眨眼反应，速度更快。

在我们的日常生活中，我发现有些时候，孩子形成条件反射仅仅只需要一次联合刺激，就比如不小心碰到了滚烫的电熨斗。而且，这种偶然形成的条件反射在我们的童年时代经常可以见到。这种方式可以帮助我们更快更好地了解人类的特征，我无法一次向你们解释清楚这一点，但是我想你们现在已经能够认识到这其中的内涵了。我们为了使反应只被一种特定的刺激所引起，于是"固定"一种特定的刺激。就比如一个坐在椅子上的母亲正在打瞌睡，四周无论有什么样的噪音，她都不会跳起来奔向她的孩子，但是只要孩子本人有什么动静，她一定会奔向她的孩子。

4. 非横纹肌的反应

当胃部的食物排空以后，胃就开始有节律地收缩，而进行这一运动的就是胃的环形非横纹肌。想要让胃部的这种收缩运动停止，就需要进食。而我们为了使胃部可以适应我们的用餐时间，可以对胃的这些反应规律进行改变。

凯森的瞳孔反射实验非常有趣，可以说是这个领域里最能引起人们兴趣的实验之一了。瞳孔的大小会随着非横纹肌纤维的变化而改变，瞳孔扩大时我们能够发现辐射状肌肉处在一种收缩的状态，瞳孔缩小时我们能够发现环形肌肉或者是括约肌处在一种收缩的状态。

我们来看看这一种无条件反应的公式：

在这一实验中，刺激替代现象也会发生。假如我们在加强或者减弱光线强度之时，同时使用报警器对人进行刺激，那么反复多次之后被实验者就会形成条件反射，只要听到报警器的声音，他的瞳孔大小就会发生变化。

5. 条件性情绪反应

像那些简单的反射领域中所发生的情况一样，情绪的无条件刺激也是可以被替代的，这一点我会通过一些实验来说明。不过正是因为这样，那些能够引起情绪反应的刺激的数量为何会持续不断地增长这一问题才得到了解答。但是有一点我需要指出，在我的实验中并不需要情绪“理论”，虽然詹姆斯的情绪理论可能是真的，但是我依然无须采用。

6. 关于刺激替代实验的小结

人体形成条件反射的方式十分复杂，我在这里只能进行简单的讲解。在人体中，任何一个器官都可以形成条件反射，只要它能够对刺激做出反应；从出生直到死亡，这样的条件反射每时每刻都在发生。我们都知道，我们的意志无法控制非横纹肌及组织以及腺体这两类我们的反应系统。在行为主义者通过实验得出了结论并且将其告诉我们之前，我们对于自身无时无刻不在发生着刺激替代这件事毫不知情。

对于早期条件反射的重要性，人们似乎都不曾进行深入的思考，尤其是在情绪问题上，也可以说是在人体态度的建立方面。我们知道，如果这种已经退化的组织在没有被唤醒的情况下，想要将这样一项“崭新的”刺激强行施加在我们的身上这件事，可以说是几乎是不可能发生的。但是建立人体态度对于我们而言是十分有帮助的，我们通过它可以知道为何行为主义者会距离本能这一概念越来越远。

7. 其他实验方法

实验的方式种类繁杂，在这里我无法全部提及，甚至仅仅是那些我们在行为主义研究之中所使用的切实有效，并且有价值的客观方法也无法一一进行解释说明。为了让你们能够了解相关的情况，我在这里选择了几种很有使用价值的方法来告诉你们。比如对情绪反应进行研究的方法；对影响行为的条件进行研究的方法；对药物效果以及作用进行研究的方法；对饥饿的相对强度进行研究的方法；等等。当然，为了进一步对感觉器官以及神经系统的作用加以确定，我们也可以通过对动物进行实验研究，比如切除动物身上的某种感觉器官。

8. 作为一种行为主义方法的所谓“智力”测验

在我们国家过去的二十几年中，智力测试掀起了一股热潮，几乎所有人都沉迷于这种测试，心理学家也不例外。但是无论是哪一个测试，都会在被大家追捧了几日之后就被另一个更加完善的测试所修正和代替。如今，已经有很多测试消失不见了，还有一部分则是被人们不断地发现完善，已经趋于标准化了，比如幼儿园测试、机械能力测试、第一级智力测试、雇佣测试、个人意志发展测试、职业指导测试、智力团体测试，等等。

这些测试之所以会被设计出来，就是为了从不同的年龄阶段的个体以及每个个体的不同表现水平中找出规律，总结出不同的类型，从而对其余的个体进行分类，以表明这些所具有的特殊才能、缺陷，或者是其他方面的差异。

这些测试的编制者耗费了大量的时间和精力，通过对几十万成年人和儿童研究，并以此来编制这些测试，对于他们的坚持和毅力我们不得不表示佩服。但是在这些测试中也有很大的问题出现，甚至出现了一些不切实际的想法。比如有些测试是从人们的能力中找出那些“天生的能力”，然而事实上这些能力都是人们通过后天的学习得到的；再比如有些测试中透露着这样一个信息，就是有一种东西是作为“一般”智力存在的。

9. 社会实践

在某种社会情境中，假如我们自身做出改变又会出现怎样的状况呢？让所有情况都得到好转似乎是不可能的事，但是无论如何，情况肯定不会比现在更加糟糕，所以我们还是需要做出改变的。是的，我们往往会盲目地在社会情境变得有些难以忍受时进行一系列的行动，试图扭转这种不良局面，然而这些行动通常不会起到太大的作用。

还有一些时候，我们想安排一种情境，并以此来促成一些人去做某些事情。在这种情况下，社会实验的程序就体现出些许不同。反应往往是已经被我们所知道并且已经得到我们赞同了的，但是社会进行实验的方式确实存在很大的盲目性，它尝试着进行实验，甚至是用一些错误的方式来进行实验。而我们操纵刺激的目的也十分明确，就是为了引起特定的行为，而不是为了看在通常情况下将来会发生的事情。

如今社会实验的进行速度非常快，这一点大家有目共睹。下面我们举一些例子来对以上两种程序之间的差别进行说明。

首先来说第一种程序，我们以战争作为社会实验的例子，对于自身所采取的反应所带来的变化，正在进行战争的双方无法进行预测，也没有任何一个人能够对未来发生的变化进行预测。我们再来说一下禁酒，酒吧是一个有着高犯罪率的场所，有很多深受社会谴责的行为频频在这里发生，人们无法合理地对将来会出现的情况做出预测，所以人们就通过修正法律来摧毁旧情境、创造新情境。于是犯罪率降低了，因为饮酒被禁止了。尽管这样，人们所期望看到的结果也有很多是不会实现的。有许多大城市的法律控制并没有人们所想的那样有效，更不用说舆论控制了，在这里，犯罪行为依然时有发生，并且每年都有人因为酒精中毒而死亡。而这些情况都清楚地表明了一件事，那就是法律受到了践踏。破坏法律却没有遭到惩罚，会导致人们不再对法律感到恐惧，法律对人们的约束力也慢慢降低了，并且逐渐趋于无效。很显然，出现这种情况的原因就是人们对法律的态度太过轻率。

社会在这种实验中寻找出路时，不会通过那些小规模的实验手段，而它的工作也不会以明确的实验程序来进行，所以它常常会使自己陷入困境之中。它的行为看来就如同人在婴儿时期的行为一般，就仿佛这个团体内的所有人都在一瞬间退化成了婴儿。

在第二种程序之中，社会实验也在进行着。在这种程序中，反应是已经确定了的，比如处在现代财政压力之下的婚姻；通过一个正确的方式，快速学会了新的技能；等等。显然这些反应已经得到了社会的认可。而我们通过建立一组组的刺激来进行这项实验，直到我们从中发现特定的反应。社会的工作在我们试着去建立刺激并且安排情境时是乱七八糟而且盲目的。有的人想要对过去2000年的社会实验进行归纳和总结，却发现它们往往都毫无计划，而且通常都是冲动下的产物，既不完善也不成熟。而那些看起来有计划的，也都是服务于一些利益团体或者是个人。

行为主义心理学在解决问题时，使用的是遗传学的方法，我们所累积的资料既从刺激所引起的反应中取得，也从引起特定反应的刺激中取得，那么这是否能为社会利益的产生做出巨大的贡献呢？对于社会结构与控制而言，行为主义的科学是基础，这一点行为主义者深信不疑。所以他们希望行为主义原则能够被接受，并且能够重新面对自己所面临的问题。

10. 通过常识性观察能学到什么?

通过对人们的观察，我们是否能够完成对人们有所帮助的常识心理学呢？是的，通过这样的方式我们可以做到这一点，只要我们花费足够的时间，并且有足够的耐心和毅力对人们进行系统的观察。一个人即使是没有学过心理学，也会对此有一定的认识。那么在社会生活中，当我们对于刺激产生的反应无法进行预测或者是推测时，我们又会处在一种什么样的境地中呢？当你对他人的观察越多，你的心理学成就也会得到相应的提高，你与他人相处、进行沟通与交流就会更加自然融洽，而这种能力也会使你自身能够对生活进行更加合理的调节。不过，尽管研究条件反应对人们而言十分有用，但是人们却没有必要为了实践心理学的学习而成为这项研究的专家。

有一个人对于自己的生活一直都处理得十分糟糕，于是他向我求助，我也为他讲解了一些实践心理学的内容。在周末时，他去参加了一些户外活动，户外活动的强度很大以至于他周一早上起床时全身酸痛，于是他开始抱怨这个假期，发泄所有的不满。我建议他放松身体，洗个温水澡，其余一切如常。他按照我的建议做出了相应的行动，在吃早饭时他就已经不再感到那么难受了。饭后去赶车，因为差了几秒没能上车，他十分生气并且大声咒骂。等到了公司，他的情绪还是十分低落，于是他这一天都过得非常混乱。

因为一开始的不顺利，导致了自身情绪的变化，从而使得这一天都过得非常不愉快，这种情况我能够通过以往的常识性观察所得到的大量资料预测出来。正是因为这样的预测引发了我的言语反应，我告诉他：“今天你在与其他人进行接触和沟通时，一定要注意态度，别因为自己的情绪问题伤害了别人，不然你这一天就会以一种非常糟糕的方式结束。”我的话提醒了他，于是当同事来找他时，他始终面带着微笑，并且之后他也沉浸在工作之中，不再显得那么烦躁了。

中午休息时，我听见他向周围的同事抱怨着什么，我大概猜到了他如此暴躁的原因，因为我曾经观察过他周末的家庭生活。所以我对他说道：“昨天我们在镇上吃午饭时，你没有带上你的妻子实在是太遗憾了。你在屋外对车子进行调试时，我听到她并没有接受琼斯太太和琼斯先生共进午餐的邀请。”他听完我的话，心情立马就变得轻松了起来，并且在之后的时间一直保持在这种状态之中。

对于他的缺点、他的优点、他和妻子的矛盾出现在何处、他和孩子的矛盾在何处，我都能够预测到。假设我的时间足够充足，我甚至可以接管他的工作与生活。

你们是否相信，如果行为主义者对他进行原则性与特殊性方面的培训，他能够在短短的几周内变成一个非常聪明的人？你们是否相信，行为主义心理学渗透在所有人生活的方方面面之中？或许你会觉得你不能告诉人们怎么样生活比较休闲，怎么样生活比较困难，因为你不是心理学家。但是你有没有认真思考过行为主义为你生活所带来的那些东西呢？我想当你认真思考过之后，你就会承认你所要学习的东西还非常多。我相信，你一定不会在还没有学会之前，就将这些方法应用到自己的身上。你需要通过大量观察其他人来获得资料，并且将它们进行分类整理，放入逻辑模型之中，然后通过言语的方式对你的这部分研究成果进行表达。举个例子，“西蒙是我所见过的最波澜不惊的一个人，无论什么时候，无论遇到什么样子的情况，他总是以一种低沉而又平缓的语气讲话。我很怀疑自己是不是可以学会像他一样讲话。”我们都知道，无论是别人对你讲的话还是你自己默念的词语都是一种言语刺激，同样，前面举例的那句话也会给人一种言语上的刺激，它可以快速引起一种行动。

作为精简了的言语程式，格言也会给我们带来强烈的刺激，让我们对此产生反应。尤其是这样的言语刺激是由我们的父母、老师或者是一些其他的权威人士传达给我们时，效果会格外明显。假如我研究的是伦理学，我想我会建议你们自己从这些言语程式中观察并找出它们存在的合理性，而不是盲目遵从别人得出的资料。但是对于这些已经由集体社会得出来的、已经变得十分具体化的言语程式，是值得我们去接受的，并且可以代代相传，直到自己通过不断的观察与实验，得出更加有价值的言语程式。总而言之，我想要表达的就是，行为主义并不会刻意地去反对什么，也不会盲目地为了什么，它是在不断地实验中建立起来的。

有关人体的组成我们知道的内容还不够多，而在我们的规则之中，那些人体所需要的部分我们也不够明确，所以辨别事物对人体是好是坏，并且在实验的道路上正确地对人们的行为进行引导，对现在的我们而言还无法做到。

Chapter 03

肌肉与腺体：人体各部分的结合及其运作

在对人的行为反应进行了解之前，我们需要先知道人体是以何种方式来运作的，并且还需要知道参与其中的有机体各部位是以何种方式来运作的。所以，我们只有对人体各部位的基本组织和构成进行一定的了解，才能够真正了解它们如何在刺激下发生反应。

在行为主义者眼中，了解人体生理学知识能够帮助人们对人的行为进行研究，因为在生理学中人们可以获得很多有用的知识。不过与生理学的先分解人体再进行研究的方式不同，行为主义者对人类行为是从整体着手进行研究的。

人体可以从事各项工作，而工作的同时人们也无法离开自己身体的参与。但是由于个体之间的差异，同一项工作并非所有人都能够胜任。假如人体是一部机器，那么这将是一项比人类全部的发明都要复杂的创造。

1. 构成人体的不同类型的细胞和组织

如今，我们都知道，细胞及其所产生的物质构成了人体。那么你们知道什么是细胞吗？构成生命物质的微小单位就是细胞，由于细胞的体型极其微小，对它进行观察时，只能借助高倍显微镜。细胞膜包裹着细胞。一个细胞就是一个单位，细胞内含有一团十分复杂的化学物质，称作细胞质。在细胞质中，有许多可能是分泌维持细胞活力的分泌物的小颗粒，这些小颗粒有很多种不同的类型。每一个细胞都包含一个或者多个近似球形的细胞核，细胞核内能够被碱性染料着色的物质，称为染色质。就某种程度而言，细胞核的整个活动都由细胞核来控制，细胞中大部分遗传物质都在细胞核中，我们可以说细胞遗传的信息库就是细胞核。在个体存活期中，很多细胞都有着独特的表现，还有一些细胞则被它们自己的分泌物、派生物或者突起，在一个极短时间里遮盖住。

假设现在你的各种知识水平已经到了一种高度，那么在构建身体时，会选择哪些细胞呢？选择好细胞种类之后，会选择哪种模式将它们组织起来呢？

经过仔细的研究，我们发现人体的四种基本组织是由四种不同类型的细胞以及它们自身的产物所构成。至于人体的各个器官，比如人的皮肤、人的大脑，还有肌肉、腺体、心肺等，都是通过这四种基本组织的不同组合而形成的。

（1）人体表层以及全部开放部位的细胞。首先需要构成皮肤的表层，在组成这层表层膜时，需要一些细胞。构成人体的其他一些部位，比如牙齿、头发、手指、脚趾等，需要对这一组织中的细胞进行更改。在人体的另一些部位，比如眼角膜，为了使其可以透光，也必须对这一组织中的细胞进行更改。之后，要构成全部的内管与内腔，比如整个的消化道——口腔、舌头、咽、食道、胃、小肠和大肠等，这时也需要一些细胞。同样的，要构成脑室和脊柱，也需要一些细胞。而且还需将这些组织组合起来构成腺体，为方便它们分泌体液而对其进行更改，比如眼泪、汗水、血液、组织液、淋巴液、唾液，还有其余需要人体排泄或者分泌的化学物质以及体液。对于上述用途的细胞，我们称之为为“上皮细胞”，正是它们构成了上皮组织。

（2）为联结与支持人体各个部分而构成的组织细胞。人体的每一部分所具有的特征都不相同，在构成人体时，不能只采用一种类型的细胞和组织。联结人体各部分，需要坚固的组织；维系肌肉需要高度弹性的腱；构成鼻子需要牢固的软骨。胚胎期需要一个强健的框架，只有这样才可以存放矿物盐，以便骨骼形成。骨骼的外面，需要一层坚韧的骨膜将它包裹起来，使骨骼与骨骼之间的连接处有一个缓冲物。为维系那些能够移动的骨头，需要被称为白色的纤维软骨的这非常坚韧牢固的纤维。这些骨骼、肌腱、纤维等组织就是结缔组织，而那些支持联结的框架构成的细胞就是结缔组织细胞。

（3）形成肌肉组织的细胞。具备自由行动能力的人体才是我们需要构造出来的：他们能够自由地呼吸，心脏能够强有力地跳动，胃能够扩张与收缩；血管能够收缩与伸展。也就是说，我们在构造人体时就要做到为个体提供运动能力。除了整个的人体之外，许多中空的内部器官需要这种运动能力。身体无法凭借一种肌肉细胞与一种组织来体现所有不同的肌肉功能，所以就需要两种肌肉细胞与两种组织。

①横纹肌、骨骼肌细胞和横纹状肌肉组织。通常情况下，这些横纹肌细胞的长度是1英寸，有时候也会稍长一些，但平均直径是1/500英寸。它

们没有分支，但是具有相同的长度。因为整个细胞都是由黑白相间的条纹构成，所以才被称为横纹细胞。而肌肉细胞也有细胞核，不过一般它会有好几个细胞核。在每个细胞表面上，都覆盖着一层坚韧的结缔组织膜。构成一条肌肉也就是横纹肌组织，通常需要成千上万个这样的细胞。结缔组织的保护鞘包裹着肌肉，而这层保护鞘被我们称为肌外膜。血管在肌肉之间纵横交叉。人体的很多大肌肉都是这样构成的，比如手臂、舌头、大腿、控制眼睛的肌肉。而横纹肌会在我们运动得比较迅速或者是幅度比较大时发挥作用。

②非横纹肌或平滑肌细胞和平滑肌组织。非横纹平滑肌细胞看起来像头发丝一样，十分细长。肌肉层因为非横纹平滑肌细胞组织成层而构成。我们的眼球的虹膜、肠、胃、膀胱、性器官，以及动脉和静脉的主要肌肉层、通向腺体的导管管壁，全都是由非横纹组织所构成。

（4）神经细胞和神经组织。想要使人体更为完善，还需要另外一类细胞构成的组织。人类需要在面对刺激时，有能够做出复杂而又迅速反应的能力。动物在做出反应时，需要用横纹肌和非横纹肌、腺体或者肌肉与腺体的结合，这一点我们都知道。一般情况下，敏感的刺激点与反应发生点之间有一段距离，所以它们并不会重合。比如，当我们在路上行走，却不小心被荆棘刺到了脚上，我们的第一反应就是停下脚步，然后弯下腰抬起脚，抓住刺入脚底的荆棘并拽出来。我们能够做出此种反应，归功于我们独特的高度发展的神经细胞以及它们的反应过程。也就是说，从我们脚上的皮肤传递到脊髓，然后由此上行至大脑，再由大脑回到脊髓，之后从脊髓传递到躯干肌肉、手与手指，于是便形成了这样的一条经通路。神经细胞与它所反映的这个过程，是由肌肉迅速联结感官的身体结构完成的。

当然，神经细胞同其他人体细胞从人体的构造来看并没有太大不同。每一个神经细胞，都包含着一个细胞体与其旁枝或是突起。这些旁支或是突起的数量并不相等，它们有些时候很少，有些时候又很多。以人体脊髓的某个细胞为例来加以分析说明：这个细胞有一个细胞体，细胞体内包含着细胞核，我们可以从细胞体的周边观察到其主体周围生出了很多密密麻麻的短小的旁枝生，看起来如同一棵大树上伸出的无数枝丫，这些旁支被我们称为树突。除此之外，我们还能发现，有一条细长的纤维从细胞体的某处延伸出来，就这条纤维所延伸的距离而言，每一个细胞都是不同的，它们有的长一些，而有的短一些，我们将这条纤维称之为轴突。轴突上还会长出一部分旁支，我们称之为侧突。有一层被我们称作髓鞘的脂肪保护层覆盖在整个轴突的表面上，轴突的侧突也被包裹在其中。但是在树突上却不会出现髓鞘。我们上面所讲述的这些细胞和它们的突起，统称神经元。神经元的形状是多种多样的，它们的突起数量也是各不相同，甚至有的细胞中只有一个突起，但是它们的作用却是不可忽视的，因为它们可以通过脊髓来联系感官。除之之外，大脑和脊髓也是由神经元构成，可以说，神经元是所有神经组织的基本单位。

各种各样的神经冲动都是由树突接收的，它的功能类似于一个收容站。神经冲动在进入轴突与侧突之前，需要先经过细胞体。因为一个神经元的轴突末梢与另外一个神经元的树突是连接在一起的，所以神经冲动也是同样的，它先经过细胞体，然后进入到轴突之中，再来到下一个神经元的树突。因为，我们能够看出在神经元系统之中，常常存在着正向传导。

2. 反应器官——肌肉

横纹肌、骨骼肌、给横纹肌、腺体是人体最重要的反应器官，人体如果失去了这些结构，那么便什么都做不了，就连自身的要求都无法满足。

人体的主体部分由横纹肌系统与骨骼肌系统构成。在将腿上、手臂上的皮肤剥掉之后，一层层的横纹肌就会展现在我们眼前。在这些系统之中，每一块肌肉都有其特定的任务，即便是错综复杂的肌肉排列看起来杂乱无章。人体也可以根据“意愿”对这些肌肉进行随意支配，所以我们便将这些肌肉称为随意肌。如果你对它们的活动进行仔细的研究与观察，你就会发现，当你挥手、弯腰、跳跃、奔跑时，你全身的肌肉都会随之产生反应，因为在活动时总是成群结队的。就像是你以为拉窗帘的动作只需要手和手臂参与其中，事实上你全身的肌肉都会参与到这个简单的动作里。你的整个身体会在你进行这个简单的动作之前就呈现一种新的状态。紧接着，你将掉在地上的手绢捡起来，于是你身体的所有肌肉又因为你的动作而迅速地发生了变化。

既然谈到骨骼肌，那么就不得不提到与之联系密切的人体骨骼。在人体中，有200多块骨头。有的像头盖骨这般紧密相连、固定不动；有的像内含脊髓的脊椎骨以及肋骨这般处在能进行少量运动的半运动状态；还有的像肘关节、肩关节、髋关节这般能够朝着一个方向或者是几个不同的方向灵活运动。通过结缔组织，横纹肌与这些骨骼相连接。大多数的肌肉的两端都连接着骨头。

我们在进行某些运动时需要伸直身体，比如我们必须挺直身体才能站在足球上。我们在进行某些弧形运动时则需要速度很快，比如挥拳时手臂所做出的动作。假如我们向某个特定方向来活动我们的肢体，比如手臂伸直或者手臂伸展，就需要相关肌肉或者是肌肉群参与。比如当我们切断了腹部的静态肌肉，那么断开的肌肉便会朝着两边收缩。而我们的动作与运动之所以能够做到流畅自然、精细匀称，也是因为肌肉及其对抗肌的紧张。在我们将手臂抬起时，屈肌就会发生收缩，而此时，对抗肌的紧张却得到了减轻。这也就告诉我们，肌肉的大小和形状会随着某特定肌肉的收缩而逐渐恢复到放松的状态。

假如肌肉在运作时就像一台机器一样，那它又会有着怎样的效率呢？卡耐基营养实验室对其进行了测试，并指出肌肉系统的净功率稍高于21%。一台蒸汽机的净功率是在15%–25%之间，因此通过这项测试我们可以知道，在如同机器一样工作时，肌肉的效率相当于一台蒸汽机。

肌肉所需要的营养：肌肉在营养状况良好的情况下包含着一些通过血液循环而获得的储存食物。这些食物以血糖的形式存在于血液之中，而血糖则通过肌肉组织转化为糖原，我们将这种糖原称作动物淀粉。在肌肉进行运动时，就会消耗这种以糖原的形式储存在肌肉里的食物。肌肉会在储存的食物消耗殆尽时，依靠由进一步的血液循环所带来的血糖。能够为肌肉增加食物供给的还有无管腺，这个后面再会为大家作具体的介绍。

肌肉的疲劳与其所产生的废物：肌肉会在开始工作时发生化学变化，产生二氧化碳、乳酸以及其他一些酸性物质。而消耗所储存食物的过程是肌肉工作中最重要的一点。当然，肌肉也会因为疲劳而产生一些“副产品”，从而无法继续正常工作。此时，无管腺就为肌肉提供援助，它快速清除疲劳所带来的副产品，为尚在工作的肌肉供应更多的血液。

肌紧张指的是在小憩之后已收缩的肌肉可以再次进行收缩，除非它停止工作。肌肉通过短暂的休息能够消除疲劳，并且还使血液能有充足的时间带来新鲜的营养。不过，假如肌肉运动过度，造成过度肌紧张，那么肌肉想要得以恢复，就需要相当长的一段时间。不过，肌肉受到损害是因为运动过度的可能性是非常小的。

练习的效应：肌肉只有经常使用才不会导致肌肉作用的消退以及肌肉的萎缩。营养供给不足、废物排泄不尽，那就意味着缺乏良好的循环；而缺乏良好的循环，则意味着缺乏锻炼。坚持进行锻炼对于保持肌肉良好状态非常重要，卫生学家建议忙碌的人进行简单的锻炼；建议时间比较充足人增加自身的运动量，多进行户外运动；建议使用特定肌肉来从事活动的人每天都将时间匀出一部分来对身体其他部位的肌肉进行锻炼。有很多社会机构为正规的锻炼提供了便利。通过锻炼使得体内器官健康、肌肉健康已经成为人们的共识。我们相信，通过合理的锻炼，老年人可以永葆青春，而年轻人可以更加朝气蓬勃。

对运动的作用进行强调，会让肌肉变得更加有柔韧性，从而可以使人的生命得以延长、青春长驻，对于这一事，行为主义者非常重视。

平滑肌或非横纹肌系统：主要参与人体器官构成的是平滑肌。不过我们在对平滑肌进行讨论之前，先来看看人体的内脏。“内脏”这一术语在行为主义心理学之中被广泛地应用，这是因为我们渐渐地意识到引起人体许多反应的主要刺激是由于内脏器官的变化。对于某种反应，我们有些时候会讲不出其中缘由，这种时候，它大概就是由内脏变化的刺激所引起的反应。

我们需要扩大一般含义上内脏，如此一来它包括：嘴、咽喉、食道、胃、心脏、肺、肝、肾、胰脏、脾、大小肠、动脉、静脉、膈、膀胱、输尿管、性器官，以及其他所有腺体。或许这样进行扩展并不严格，不过一个能将人体所有的内部器官囊括在内的心理学术语却是我们所必需的。

在上面提到的这些人体内部器官的构成上，平滑肌组织占据一个十分重要的地位。

有许多内脏器官是中空的，有时我们会称它们为中空器官。它们通常情况下都是被填满的或者被部分填满的。比如肺中有空气，心脏、动脉和血管中有血液，胃里有食物，膀胱里有尿液以及一些其他的液体等等。当中空器官太空或者被填充得太满都会“提出抗议”，所以它们的重要性可想而知。被包含在中空器官之中的物品的运动与改变从不止歇，因此中空器官也会不断地做出相应反应，能够使人体做出反应的内脏刺激就是这样形成的。

那么几层平滑肌才构成内壁呢？下面我将对此进行讲解。胃壁在胃囊中有食物时会正常舒展，肌肉也是如此。一段时间之后，食物从胃部进入到小肠，胃里就空了，这时，它开始了有节奏的收缩，我们称这样的收缩作用为饥收缩，在饥收缩的作用之下，我们会去找寻食物。不过，在膀胱与结肠中的情况跟胃里的情况却恰恰相反。内含物过多时，器官壁就会膨胀起来，于是很强烈的刺激就产生了，这就让我们只想尽快排掉这些内含物。

当我们感到心悸、心动过速时，会出现缺氧、发冷或发热等情况，这些都会使我们的膈与肺在活动时出现十分明显的变化。

现在，我们就平滑肌的问题已经进行了许多讨论。这些平滑肌器官每秒都会发生数千次反应，而且因为内脏和感官结构是相连的，所以它们任意一次反应都是唤起一般身体反应的一种刺激，比如，横纹肌的运动之所以会被唤起就是因为它们。

在我们的刺激世界之中，有的不仅是视觉、嗅觉、听觉这些外部的对象，还包括饥收缩、肌肉变化、心悸、膀胱膨胀等这些内部的对象。

对于我上面所讲的这些，也许你们会产生一种我已经偏离了主题的感觉，因为平滑肌才是我们讨论的重点。但是，在这些器官中，平滑肌是怎样参与活动的，我们很难用短小的篇幅来进行说明。最后，我再补充一点，那就是瞳孔直径会发生改变，是因为眼睛中有平滑肌的存在；而我们的皮肤会起“鸡皮疙瘩”，是因为皮肤中也有平滑肌的存在。在人体中，有很多部位都存在平滑肌，甚至我们的毛发中也发现了平滑肌的存在。

平滑肌与横纹肌从生理学上来看，在很多特征上都有不同，但是，就收缩、舒展、潜伏期以及恢复现象这些主要的事实方面而言，它们是相类似的。

3. 反应器官——腺体

或许在有些人看来，与其他反应器官相比，腺体并没有那么重要。我先举几个例子：假如我拿着一颗洋葱在你面前剥，你或许不会立刻走开，但你的眼睛却会不由自主地开始流泪。当然，如果你受了伤，并且疼痛感非常强烈的话，你也会流泪。流泪反应是一种能够被条件化的反应，比如一个3岁的小朋友在看到医生时，马上哭了起来，很显然这就是因为悲伤的消息而引起的流泪。无论流泪是真还是假，它确实在日常生活中起到了很大作用，比如孩子每次都能够逃脱父母的惩罚；乞丐得到了人们的施舍；政客为自己赢来了更多的选票；甚至历史上有很多王国命运的改变就是因为女性的眼泪。

假如你被关在一个房间，这个房间非常闷热，在这样的情况下，你皮肤的汗腺就会活动起来，而嘴巴会开始湿润起来或者感到十分干渴，这是因为你的唾液腺的过度分泌或分泌不足。通过我的说明，相信你至少能够知道腺体是我们人体之中重要的反应器官了。腺体是内脏系统的重要组成部分，并且与内脏的关系十分密切。虽然在它们之中也有一些平滑肌纤维，但是并不属于肌肉器官。之前我们讲过，高度特殊化的上皮组织构成了腺体。腺体与平滑肌、横纹肌有很大的不同，腺体在做出反应时会分泌液体，而不是收缩。

腺体的种类很多，对每一种腺体的构成以及作用加以阐述并没有必要。我们将腺体划分为两大类型：管状腺与无管腺。在管状腺中，有一根从腺体直通体外或内腔的小管。在通常情况下，会分泌一定数量的液体或固体。还有一些具有黏液的小腺体排列在整个的消化道之中，比如因为有黏液腺的存在，鼻孔、舌头、口腔等器官才能够保持湿润。

在消化食物的过程之中，很多管状腺都发挥着重要作用。每当消化过程开始时，唾液腺就会分泌出唾液来帮助消化；之后有几种不同种类的位于胃囊中的腺体来帮助继续消化；最后，小肠内的腺体或者是小肠附近的腺体分泌出液体来完成消化。这些腺体主要有分泌胰液的胰腺、分泌胆液的肝脏以及肠壁上的腺体。而形成尿液的肾脏则是人体中大腺体之一。在受到刺激以后，腺体会发生反应，而使腺体发生反应的无条件刺激则是从感觉器官中产生的。也就是说，分泌反应和运动反应一样，都通过感官刺激被唤起。

你们曾经认为腺体的分泌和人类高级行为形式之间并没有多大关联，但是通过前面的讲解，我想你们的看法应该已经有所改变了。“高级行为形式被低级分泌反应控制着，尤其是这些低级分泌反应之中的一种或者是几种失调时”，对于我的这一观点，你们是否认同呢？在某些时候，唾液腺会分泌不足或者会分泌过多。比如，鼻腔中的小黏液腺会在我们感冒之后分泌过度；喉咙会在消化道分泌失调或不足的时候出现干燥过敏的情况。由于这些，我们的整个行为都会随之做出改变，就连我们的社会行为也是与之紧密相连的。藏身于内脏各个壁腔内的腺体假如出现问题，那么就会有很多这样或者那样的状况随之而来。不过，对于内脏和腺体的反应，我们很难用语言来进行描述。这就好比我们伤害了朋友的感情，浪费了一份很好的工作，甚至失业或者更加糟糕，但是我们却无法对我们所造成的这些差错做出解释。

有时，无管腺也被称作内分泌器官。最近这些年，无管腺的构造引起了无数人的兴趣，虽然它令人难以琢磨，但是总是又不断地吸引人们去探索，生物学界与医学界更是为此花费了大量的精力。管状腺通过管道开口分泌液体，它们的活动决定了它们的分泌反应。除此之外，我们是可以对管状腺的分泌数量进行测量的。但是无管腺却与管状腺不同，它们的分泌物很少，即使腺体很大，比如甲状腺。因为分泌物太少，我们在进行采集或直接测量时，那些已知的生物方法并不适用。

不仅如此，无管腺的腺体外部还没有开口。你们或许会问，如果没有开口，那么它们的分泌物是怎样释放到人体之中的呢？其实答案也很明确。假如我们将这些无管的或者是封闭的腺体看成一个一个的化学实验室，每一个实验室的里面都在制造一些化合物或者化学物质。在这些化合物或者是化学物质之中，甚至有一些现在才被我们知道。不过，这些化合物或者是化学物质的量虽然少，但是力量却很强大。当血液在这些腺体细胞里流过，就会带走这些化学物质，并把它们运送到其他器官，有些时候，这些化学物质会被血液间接地从发生分泌的腺体中带走。人体中许多器官内的活动，都是被这些微量化学物所唤起的。这些从无管腺体中分泌出来的物质就是我们所说的激素，它指的是可以将活动激发或者唤起的物质。腺体激发人体另一部位或者抑制人体另一部位活动的化学递质就是激素。关于无管腺分泌，我们所了解的内容主要集中在它们的活动上，这种活动就如同药物作用于人体一般。不管从人体基本营养方面来看，还是从人体生长方面来看，它们所起到的作用显然是十分重要的。不仅如此，它们在人类一般行为方面，同样起到了极为重要的作用，就像我们下面将要看到的一样。

最重要的内分泌腺包括管腺，包含甲状腺和甲状旁腺、肾上腺体、脑垂体、松果体、所谓的发身腺。当然还有一些其他的腺体，比如胰腺、肝腺、胸腺等等，但是它们并没有上面所提到的五种那样重要。

下面我们来了解一下甲状腺以及甲状旁腺。

甲状腺：用手摸就能够感觉到甲状腺的存在。对于喉结突出的男性而言，甲状腺摸起来更为容易，在喉结向下2–3厘米的位置便可感觉到；对于没有喉结的女性而言，在相应的部位也能感觉到其存在。作为一种腺体，甲状腺的体积是比较大的，在甲状腺上，横跨于气管之前的、仿佛桥梁般被我们称之为峡部的结构，将腺体的左右两叶相互联结。甲状腺无管，它的构成主要是特殊的上皮细胞，上面有很多血管和神经纤维直接通往腺体细胞。

甲状腺体能够分泌出甲状腺素，甲状腺素含有60%的碘，这种化学物质的能力极强。通过实验，我们能够将甲状腺素提取出来，同时我们还能在实验室中将其制造出来。

从一个人的成长发育来看，甲状腺所起到的作用十分重要。婴儿出生时，如果缺乏甲状腺素或者甲状腺素不足，那么这个孩子就会成为一个呆小病患者。一旦患上呆小病，他就不会再继续生长，他的骨骼无法变得坚固也就是我们常说的不完全骨化。除此之外，皮肤会变得很干燥，毛发也会越来越干枯毛躁，生殖器更是无法正常发育。他能学会的只能是一些最容易做的事情，并且他的正常的行为活动也会受到影响，他的反应只会一直停留在婴儿的状态，并且这种情况不会随着年龄的增长而得到丝毫改善。

当成年人因病导致甲状腺素不足时，身体很多方面会出现一些破坏性症状，比如活动能力降低；毛发开始变得干枯甚至脱落；皮肤苍白湿冷；体重下降等等，不过，他们的身形并不会受到影响。

由于现代生理科学的发展与进步，孩子想要重新恢复生长，可以定期摄入甲状腺素或者摄入绵羊甲状腺。这个摄入的过程是终生的，但是能够使孩子和成年人重获信心。

甲状腺素的缺乏所带来的问题有很多，但是甲状腺体如果过量释放分泌液也会带来很多问题，这就是我们所说的甲状腺功能亢进症。当这种情况出现时时，人体的活动水平就会开始提高，同时血压升高、心跳加速，并且所有机体活动过程都会开始加速。这种时候，人就会出现失眠的状况，而且情绪很容易激动，这就是格雷夫斯病。在以前时，假如有人得了这种病，通常会通过外科手术将一部分甲状腺切除；而现在，人们则是采取“特殊摄入疗法”，也就是通过摄入碘的方式来进行治疗，让人摆脱了传统的手术治疗。

可以说，甲状腺相当于整个人体的首领。当它分泌不足时，人体细胞的活动水平就会下降；当它分泌过度时，人体细胞的活动水平就会提高。

我们可以看到，有两对棕黄色、豌豆大小的固体块结构位于甲状腺侧叶附近，当然有时它们也会位于小叶之内，它们由特殊的上皮细胞所构成，这就是甲状旁腺。我们对于它在人体中所起的确切作用尚不明确，不过，切除甲状旁腺所带来的后果，我们却是一目了然。

在病人需要切除甲状腺时，甲状旁腺也可能会被切除一部分，但是假如将甲状旁腺全部切除，那么病人就会死亡。而且这种情况不仅出现在人类身上，其他哺乳类动物也是同样的状况。当动物的甲状旁腺被切除，它就会出现肌肉痉挛、收缩不协调的状况，随后呼吸变得急促，体温开始升高，同时呕吐腹泻，直至死亡。因此我们也能够看出，对神经系统活动度而言，甲状旁腺的分泌物的监督和抑制的作用毋庸置疑。

骨骼组织和牙齿构造所需要的钙的存积也受到了甲状旁腺的分泌物的影响。在我们的案例之中，有极少数小动物在被切除了甲状旁腺之后，依然存活了几个星期，但是它们普遍出现了骨质疏松、牙齿松动的状况。这些小动物在摄入甲状旁腺素之后存活了下来，可是迄今为止，能使这些小动物长期存活的恰当的方法我们依然没有找到。因为那些从甲状旁腺之中提取出来的化学物质，我们仍然不能将其分离出来。

Chapter 04

人类的习惯：条件反射与人类习惯研究

行为主义者认为，个体对习惯行为的依赖性，会随着进入动物系列层次的升高而增加。习惯也不是与生俱来的，是通过后天的学习得来的，它的构成是基于刺激与反应的稳定关系。个体在某种刺激情境下，多次重复反应从而形成了习惯，简单点来说，接触到刺激的个体发生了一系列的反应活动，反复多次后，某种特定的反应模式就形成了。被我们视为习惯的行为，就是那些已经定型的行为方式，不管是什么类型，也不管它是外显的反应还是内隐的反应。

习惯的形成建立在条件反射的基础之上，那习惯与条件反射之间又有着什么关系呢？我们通过实验进行观察，得到了一些结论。

在人类的学习过程之中常常会出现停滞现象或者是高原现象，怎样摆脱这一现象是各界人士都非常关心的问题，对此，我也有一些自己的看法。

1. 习惯与条件反射的关系

在已经形成的习惯之中，条件反射可以说是一个单位，也就是说当我们完全分解开一个复杂的习惯时，会发现条件反射正是组成这个习惯的单位。习惯反应与条件反射之间的关系实际上就是整体与部分的关系。我们曾经讲过几种条件反射，先来回顾一下：

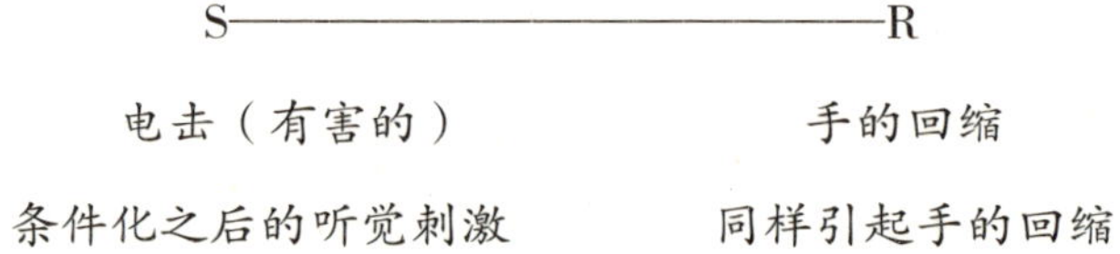

这种条件反射十分简单。为了更清楚地对我的观点做出解释，我们先来做一个假设，如果任何一个复杂习惯反应的组成单位都是这些简单的条件反射，如果我没有让被实验者在接受了听觉刺激之后形成手部回缩的习惯，而是让他形成的习惯变成了转身并将双手背到身后。然后在他转身以后，使他面对一个圆形的视觉刺激，在这个视觉刺激下他形成向左走3步的条件反射；之后他会面对一个三角形的视觉刺激，在这个视觉刺激下他形成向前走2步的条件反射；然后他将面对一个长方形的视觉刺激，在这个视觉刺激下他形成向右走3步的条件反射。通过这样的方式，我们可以引导被实验者在实验室内走一圈，因为他的每一个移动方式都是我们通过安排刺激来进行引导的，他的每一个移动方式都按照我们所预想的进行，无论是向左、向右、向后，还是抬手、缩脚。

那么，比起对习惯的解释而言，对条件反射的解释是不是更加简单明了呢？答案是肯定的，对于一个条件反射，即使我们不去对它进行“解释”，也能够用简单的术语来说明一个实验的复杂过程，这一点通过我们的分析就能够做到，哪怕我们无法去解决这个实验，也无法去进行这个实验。对于我们的阐述，我想生理学家或许能够解释，这个阐述就是：

反应R不会因为刺激S1而产生，但是会因为刺激S2产生，并且这是一种无条件反射；当我们首先向有机体呈现了刺激S1，紧接着呈现了刺激S2，不久之后，刺激S1的出现也会引起反应R的产生。这也就是说，从此刺激S2就开始被刺激S1所替代。

对此，生理学家会进行这样的解释：“反应R不会因为刺激S1而产生这一点假设就是错误的。很显然，刺激S1能够引起反应R，不过因为它的效果十分微弱，所以无法引起一个明显的反应。而刺激S2的效果很强烈，它引起反应R的效果非常明显，从生理上来讲，当有机体感受到刺激S2时，反应R很明显就是用来作为回应的。而有机体运动部分的惯性或者是阻力在刺激S2引起了反应R之后开始渐渐变小，于是就到达了刺激S1的范围之内，所以刺激S1引起反应R的效果就开始明显起来。”

对于这些建立在条件反射基础上的现象，生理学家如果想对它们做出解释的话，就只能从系统的加强、累积、阻力等方面来加以说明。这些内容十分复杂，我们无法对此进行以一一描述。不过，对于这种生物现象，即使我们不去等待专业生化术语的解释，也能够对行为习惯进行研究和探讨。

2. 有关学习和进步的一些细节

我曾经将19只小白鼠放在汉普顿迷宫中，对它们的学习情况进行记录和研究。当然，每一只小白鼠都是单独进行测试的。需要注意的是，小白鼠在第1次尝试得到食物时，它们所花费的时间平均超过了16分钟。最开始小白鼠为了寻找食物在迷宫之中乱跑，每当它钻到一个死胡同就会返回起点重新寻找，它四处嗅着，最后终于找到了食物，不过我只让它吃一口就再次将它放回迷宫之中。尝到了甜头的小白鼠为了食物变得更加卖力了，它的跑动也变得比之前迅速了，于是第2次尝试得到食物的平均时间只有7分多钟。等到了第3次尝试得到食物时，它们所花费的平均时间只有3分钟；第4次尝试时，所花费的平均时间已经缩短到3分钟以内了。我一共进行了23次尝试，第23次尝试时，小白鼠大约只花费20秒就能够找到食物。很显然，第1次尝试到第2次尝试的进步是十分迅速的，从第4次开始一直到第23次，小白鼠的进步渐渐变得缓慢，它们所花费的时间也没有再出现明显的进步，最后可以说已经没有任何的进步了。当然我不知道是不是这就是它们的生理极限，我的实验无法对这一点进行验证。或许当我对它们的训练次数降低到每天不大于5次时，会出现新的情况来促使它们进步。饥饿是促使它们进步的一种情况，当然对它们产生一些影响的其他因素也有很多。

通过对动物学习情况的研究，我们能够对人类学习的情况进行一些推测。我们能够对老鼠进行不断的刺激，比如只有当它在迷宫跑满5次才会得到全部食物，或者只有跑满5次乃至于这一天的实验全部结束之后才能得到全部食物。但是相对于动物而言，人类的情况就要复杂多了。人们在进行重复学习时，会感到厌烦，同时还会被其他一些事情影响，比如来自内部的言语和思维，比如一些复杂的社会因素、经济因素。

对人类的学习过程进行观察时，你会发现在学习过程中，人类会出现停滞现象或者高原现象。而在这一现象中，人的学习水平会维持在一种平稳的状态，既不会下降，也不会上升。引起这种情况的原因有很多，有的是因为家庭因素，比如孩子生病了或者是父母生病了，自己必须去照顾他们；有的是因为经济因素，比如一个人非常富裕，物质上已经无法刺激他去学习、去进步了。而如何才能让人打破这种情况是各界人士都非常关心的一个问题。采取一些激励方法会促使人们在学习方面的进步，比如提高一个人的工资或者是奖金；增加一个人的权力；将公司营业所得的利润进行分享；引导一个人在观念上进行转变，等等。不过在此之后，还会有另外一个高原现象在等着人们，直到下一个能够促使他们进步的因素出现，比如一个人因为各种原因不得不搬到一个花费更多的城市去生活或者是他结婚有了孩子，等等。但是如果你们想要找出一个万能的方法来促使人们不断进步，那是不可能实现的。

我们可以看出，当一个人的经济水平很低，甚至仅能让自己勉强维持生活时，他的进步便不会停止。但是，懒惰是人类的共性，真的想去工作的人是极少数，尤其是在当代思想情感的影响之下。1925年，人们都处在这样一种状态：“我拼命工作并不是为了自己的利润，那么我为什么要为了给别人带来利润而拼命为企业工作？”所以在这段时期，大多数行业的人们每天都做着最少的工作，所赚到的钱财也仅仅够自己勉强度日。其实，他们并没有意识到一个组织的提高，能够反作用于他们，让他们收益。而这些在不断提升的组织中所养成的工作习惯以及所学到的技能是别人无法与自己分享的宝贵财富。很显然，在工作中更早、更集中地进行实践，能够更早形成工作习惯，从而促使自己不断进步，就每个行业中所出现的那些天才而言，或许这就是最为合理的解释了。因为迄今为止，我所遇到的天才还有成功者，他们都是在工作上非常努力的人。

3. 习惯形成的最后阶段

当一种习惯通过听觉、视觉等刺激被建立起来以后，会有一种附加因素参与到其中。我们都知道，当我们所形成的一种习惯变得根深蒂固之后，我们即使不去听、不去看、不去触摸也能够操作，在这样一个过程中，听觉、视觉等因素的刺激也就显得没有那么重要了，也就是说它们已经失去了从前的地位。那么，是什么原因导致了这种情况的发生呢？这是因为我们已经进入了条件反射的第二个阶段了。

在早期阶段，每次都会有视觉刺激出现在我们的学习过程之中，我们会有一个肌肉反应因为这个刺激产生。而下一个运动反应也会在一个很短的时间里被这种肌肉反应所引起，就这样持续进行下去，在视觉刺激、听觉刺激等等都没有参与其中的情况之下，每一个复杂的动作都被完成了。

那些肌肉刺激来自肌肉运动本身，这恰恰是能够让我们产生一定序列动作反应的刺激。我曾经提过，肌肉不仅仅是你们印象当中的反应器官，它也是一种感觉器官。或许下面的图能够更好地对这种双重条件反射来进行说明：

（C）S————————————R

（第一次序）听觉　　　　转身并将双手背到身后（或者是其他由习惯系列所要求的肌肉反应）

然后

（再进一步的条件反射后）

肌肉本身的运动 能产生同等反应

在通常情况下，我们将这样的习惯称之为“肌肉”习惯或者是动觉习惯，例如思维。在这个第二阶段内，我们的全部习惯都表达出了对这个阶段的倾向性。在这一过程中，我们能看到有生命力的神奇能量存储能力，但并不存在于有机体的内部。你们应该多去关注条件反射形成的规律，或许你们可以从中得到一些新的发现。

4. 行为主义者怎样看待记忆？

在客观心理学中，行为主义者认为记忆在其中并不占据任何地位，所以对于“记忆”这个术语，他们从来都不会使用。正是因为这一点，让很多心理学家颇为烦恼。

那么我们在想要向事实求助之时是如何解释的呢？我们一起来看一下。我们还是以小白鼠为例。我们再次翻开之前有关于小白鼠学习走汉普顿迷宫的观察记录。其中有一只小白鼠，当它第1次尝试在迷宫中寻找食物时，它一次又一次地跑进死路，只能不断地跑回原点重新开始寻找道路，当它获得食物时，时间已经过去了40分钟，可以说所有能犯的错误它都犯了。等到它第7次尝试寻找食物时，它所犯的错误只有8次，而花费的时间也已经缩短到了4分钟。等到它第20次尝试寻找食物时，它所犯的错误只有6次，而时间也只花费了2分钟。等到它第23次尝试寻找食物时，它一次错误都没有犯，并且仅仅花费了10秒钟就获得了食物。从第35次到第150次尝试中，它获得食物所花费的时间只有6秒左右，它就像机器一般在运转，没有再次出错，但是也没有更进一步提高。此时小白鼠的速度可以说是已经达到了它自身的极限，它的学习也就完成了。

我们想要知道当小白鼠远离迷宫半年以后是否仍对此保持记忆，于是我们对此进行了实验。结果我们惊奇地发现，小白鼠获得食物仅仅花费了2分钟的时间，并且所犯错误也只有6次，也就意味着，虽然之前通过学习而养成的一部分习惯消失了，但是被保留下来的占了极大一部分，半年之后重新学习，第1次的表现已经很不错了。

我们这次要研究的是对学习打开问题箱的恒河猴的记录。恒河猴在第1次尝试打开这个复杂的问题箱时花费了20分钟的时间。当尝试进行到第20次时，它打开问题箱仅仅花费了2秒的时间。同样，我使它们远离问题箱半年，再次实验时，它打开箱子的动作虽然略显笨拙，但是也只花费了4秒的时间。

至于人类，婴儿与成人之间也有区别。如果将一个1岁的婴儿放在一个人很多的大厅里，那么他一定会向着他的父母爬去。但是如果将他送去爷爷奶奶家喂养3个月，然后再次进行实验，就会发现婴儿不会再向着他的父母的方向爬，而是向着这3个月以来一直喂养他的爷爷奶奶那边爬去。因为长时间没有待在父母的身边，婴儿已经丧失了对于父母的积极反应的习惯。

接下来我们来看成年人。我们以打高尔夫为例，一个20岁的青年，在学习这项活动时，慢慢进步。在学习打高尔夫的2年里，他每一周都会来球场进行2次训练，于是他的得分会降到80分，有时甚至是降到78分。如果再次之后的3年里不让他接触高尔夫球，等到他三年以后再次回到球场，他的第一轮成绩很可能会高达95分，但是在2个星期以后他的成绩就会再次下降，回到从前的80分。

根据我们所有的实验观察记录，我们能够发现：假如我们在习得一项动作或者是技能之后有很长一段时间不去使用它，那么就会有一部分因为习惯而产生的效率消失，除了婴儿以外，大部分的习惯都被保留了下来。但是，如果不去使用的时间过长，那么还是会出现一些习惯彻底丧失的可能。而且，同样的一个习惯，在不同的个体身上丧失的总量也是不同的；在同一个个体身上，不同类型的习惯所表现出来的丧失率也不同。

但是，有很多动作习惯是不容易丧失的，即使你长时间不去使用它们，比如骑车、滑冰、游泳、射击、射箭，等等。假如有人告诉你，他曾经是一个十分优秀的射手，如今水平下降是因为他5年来没有进行练习，那么他一定是骗你的，他一定没有他所吹嘘的那样优秀。要知道，对于没有练习的这段时间内所丧失的量，我们是能够将一个个体曾经的学习成绩与重新学习之后的成绩进行对比之后得出的。

说了这么多，让我们重新回到“记忆”问题的探讨上来。行为主义者会将个体放置在与从前相一致的情境中再次进行训练，看看情况的变化，从而得出丧失的量。举个例子，一个行为主义者在对一件事情进行科学发言时，他一定会这样说：“在这五年里，詹姆斯没有再次接触过自行车，那么他又是如何准确骑自行车的？”而不是说：“在这五年里，詹姆斯没有再次接触过自行车，那么他还会骑自行车吗？”如果要对这件事情进行求证，他也不需要詹姆斯来告诉他，他要做的事是准备好一辆自行车，让詹姆斯骑上它经过6个街区，并记录这其中失败的次数以及骑完所有街区所花费的时间。当实验结束之后，他会胸有成竹地说：“詹姆斯的骑车水平只有五年前的四分之三。”当然，假如詹姆斯再次骑车的水平甚至还不如他第一次骑车时候高，那么行为主义者就会说：“骑自行车的习惯，詹姆斯已经丧失了。”

人体自身的每一种形式都是人类的依靠。不过，在人类和动物的身上，那些简单的条件反射都被比较完整地保持下来了。比如我们之前做过的一个实验，电击时候同时进行声音刺激，最后被实验者只听到声音就会把手回缩，在条件反射形成以后的一年的时间里，我们没有再进行过这一实践，一年以后，我们发现这种条件反射依然存在。安雷普曾经对他的狗进行过一个实验，用声音刺激来引起狗的唾液分泌，条件反射形成之后的一年，他没有再对狗进行训练，但是一年以后狗的身上仍然出现了这种条件反射。

所以，行为主义者之所以不谈论记忆问题，是因为行为主义者在讨论一个特定习惯的持续力时所依据的是个体在没有对机能进行练习的这段时间里失去的部分和保持的部分。而“记忆”这个术语之中掺杂了太多主观与哲学的意味，因此我们并不需要它。

Chapter 05

人性的本能：是否存在人类的本能？

行为主义者发现，人的习惯最早可能开始于胎儿时期，从很早时开始，环境就已经开始对人产生影响了。

在行为主义者看来，本能是不存在的。我们习惯上所说的本能，大多是因为训练所得到的结果，很显然这属于人类的习惯行为。

人在身体结构上存在差异，这其中有一定遗传的因素，但是在身体机能和心理特征方面，遗传是不存在的。因此，在行为习惯方面自然也就不会存在本能。

有时遗传结构的某些遗传特征一辈子都不会表现出来，除非是将自己的后代放到一个特定的环境之中，并给予后代特定的刺激以及训练。虽然遗传结构有成百上千种的表现形式，但都取决于个体成长的环境。

1. 成人行为样式的原因在于早期训练

人类心理学的核心问题就是人在出生之时的行为能力。人的特定结构是与生俱来的，人从出生开始心脏就会跳动，并且会眨眼、会呼吸。通常情况下，我们每个人都能做出这样的反应，也就是说这种反应具有普遍性。但是也会有例外，因为在化学结构、生物结构上会出现一些变异，而这一类型的反应以及它们的变异早在几百万年前人们第一次出现时就已经出现了。这种反应就是我们所说的“非习得行为”。

心理学家与生理学家口中的“本能”反应，在这些比较简单的人类反应中无法找出，所以对于“本能”这一心理学术语我们并不需要，因为在我们看来，本能是不存在的。人们所说的“本能”大部分是通过人为训练得来的，也就是所谓的“习得行为”。所以在我看来，那些人们常说的一个人的能力、气质、天赋、性格的遗传都是不存在的，因为这些素质之所以存在于个体身上，是因为早期的训练。

下面我们开始进行观察。我们将人看成一个整体，他的反应是通过身体的每一部分来进行的。如果他身体的一部分活动得比较多，就说明他是产生了某种反应或者说他在进行某种活动，这种活动有可能是跑步，有可能是打斗，也有可能是睡觉。不过，无论是哪一种活动，整个身体都必然会都参与进来。

通过观察，我们可以看到，那些在热带生活的人们，他们常常赤裸着身子，住在简陋的房子里，一些容易获得的野果、野菜以及一些十分容易捕获的动物是食物；那些在温带生活的人们，他们往往穿得很好，他们居住的房子都是钢筋水泥建造的高楼大厦，装修也相当豪华，而且冬天房子里还会供暖，他们还非常热衷于工作；而那些在北极生活的人们，他们往往会穿着厚厚的动物皮毛制成的衣服，头上戴着皮帽子，手上戴着皮手套，吃的都是一些高热量、高油脂的食物，他们居住的房子是冰雪筑就的。

除此之外，我们还有很多发现。在非洲，很多人用手抓着吃饭；在亚洲，很多人用筷子吃饭；而在欧洲，大部分人使用刀叉吃饭。不同的地区，风俗习惯也各不相同，人们也在做着不同的事情。比如澳大利亚的土著，他们的行为就会与英国人的行为相差甚远；而一个日本人的行为也不会与一个法国人的行为相同。

2. 发生心理学家的回答

可能有人会问，如果不同地区的人和风俗习惯都有很大的差异，那么全世界不同地区、不同民族的人在出生时会发生同样的反应吗？如果会，那么这个反应又是因为哪一个相同的刺激而产生的呢？

我想能够对这一问题进行回答的最佳人选就是发生心理学家，但是由于手里所掌握的资料不够充分，他们或许并不想面对这一问题，不过他们也有可能会对这一问题进行回答："没错，无论一个人出生在什么地方、这里文化底蕴是否丰厚，也无论他有着怎样的家庭背景，他在出生时总是会有一些特定的反应是与其他刚刚出生的人是相同的，当然，这必须要以考虑到个人差异为前提。"

或许你会产生这样的疑问："难道遗传丝毫没有影响吗？一个人在出生时优势是不存在的吗？优生学的存在是没有现实依据、没有意义的吗？在生物不断进化的过程之中，人类难道不曾有过进步吗？"面对这些疑问，我们需要进行更加详细的探讨。

是的，我们都知道父母的肤色会影响后代的肤色，不过肤色不同是由于皮肤内所含黑色素不同造成的，所以相对而言，这样的差异实际上很小。你可以对一些不同肤色的婴儿来进行观察和研究，并且将他们之间的差异指出来。不过如果你想要对你的观点进行证明，就必须要宣称种族之间的差异比个体之间的差异要大才行。

你或许还会有这样的疑问："如果是形体异常的父母所生出的孩子，他们会遗传父母的异常形体吗？如果是的话，可以证明这是因为遗传造成的吗？”对于这一问题，我们的回答是肯定的。一个族系的后代的身上的确会出现一些他们的长辈或者是先祖身上的特异之处，并且这种特异之处还会一直往下传递。就比如说当你看到一个人的父母所拥有的眼睛颜色、头发颜色、皮肤颜色，你就能知道这个人可能会拥有的特征。

人类在结构上和形式上的遗传差异的确是存在的，这一点我们并不否认。比如有的人体型纤细，皮肤细腻光滑，而有的人体型高大，皮肤粗糙；有的人嗓音洪亮，而有的人嗓音低沉；有的人眼睛是黑色的，而有的人眼睛是蓝色的；等等。种质是造成这些差异的原因。至于发色的变化、寿命的长短、脱发等是否会遗传，生物学家早已经给出了一部分答案，还有一部分仍在研究。但是这些遗传事实并不是让你思维混乱的理由。有一些遗传的结构特征只有在后代被置于一种特定的环境中才能表现出来，当然同时还对他进行一些特殊的训练或者是施加一些特殊的刺激。因为人们生活在不同的环境下，所以遗传结构的表现形式也是各种各样的，很多人的形体结构会受到自己生活环境的影响而出现变化。

3. 结构差异与早期训练差异将导致后来的差异

随着年代的变化，人的非习得行为是不是也能随之发生变化？对此我们尚不明确，因为我们还没有得到明确的证据对这一点进行证明。不过，人类在结构上的个体差异的存在也随着生物学的问世被人们所知晓。只是我们在对人类行为进行分析时，从来都没有对这一点加以充分运用。不过，行为主义者以及一部分动物心理学家发现了另外一个事实，而这一次我要运用到这个事实。

这个事实就是：从很早以前，环境对人的影响就已经开始了，甚至有些习惯系统的形成可以追溯到一个人的胎儿时期。由于这个事实的出现，很多旧观念不攻自破，巨大的结构差异在个体出生时就已经存在了，而习惯也在个体出生之后飞速形成，而这些都可以帮助我们对“心理”特征的遗传进行解释。我们将要谈论的有以下两点：

（1）人的群分。我们都知道，人体物质结构是相当复杂的，在这样的情况之下，这些组织在组合上出现差异是一种正常的现象。比如有的人从出生以来就比别人高，有的人却生得矮；有的人腿比较长，有的人的腿却比较短；有的人手指比较长，有的人手指比较短；等等。根据指纹的不同，我们也能够将不同的人区分出来，因为指纹完全相同的两个人是不存在的。从掌印上来看，人和动物之间的区别也很明显。除此之外，人与人的骨骼之间也存在着明显的差异，而人和其他哺乳动物的骨骼可以说完全不同。就人类自身而言，因为化学结构上的差别，即使是双胞胎，他们的行为方式也会存在差异，在哭泣、爬行、叫喊、吃饭等面都能体现出来。不仅如此，个体差异在大脑、心脏、脊髓结构、横纹肌系统的厚度与密度等方面都有所体现。不过，毕竟构成人类的物质都是相同的，虽然人类在结构上总有或多或少的差异，但是在构筑方式上基本没有差别。

（2）早期训练时出现的差异导致个体之间的差异变得更大。个体在结构上的差异虽然很小，但是至关重要，而且如果进行了早期的训练，那么这种差异将会变得更加明显。孩子降临在这个世界上，条件反射就已经出现在了他的身上，而且有一点我们需要知道，不同的孩子会受到不同的训练，即使是同一个家庭，也会因为各种原因导致早期训练有一定的差别。

4. 得自飞镖的教训：心理学中不再需要本能的概念

在这个世界上，为什么会有习惯被称为本能呢？接下来，让我们对此进行探讨。在此之前，我们需要将那些所谓的遗传统统忘掉，无论是能力的还是“心理”特征的。当然，这里所说的能力并不包括那些结构上的特殊优势，比如能唱歌的好嗓子，一双适合弹琴的手，等等。

其实这是一个很难回答的问题。在那些反对行为主义的人们眼中，人这种生物的身上存在着很多复杂的本能。因为深受达尔文理论的影响，早期的学者都相信本能存在于人类与动物的身上。威廉·詹姆斯还说无论是何种动物，本能都没有人类的丰富，并且还列举了一系列的本能，比如爱、恨、妒忌、羞愧、渴望、恐惧、愤怒、傲慢、谦虚、好奇、模仿、爬行，等等。

对于詹姆斯这样的观点，我们显然不认同；至于有的心理学家宣称的人类所具有的非习得行为中有一些非常复杂这一观点，我们也不认同。或许你们会说：“在詹姆斯的眼中，本能是一种会给个体带来一些后果的行为倾向，这些后果是在个体还没有看到结果的情况之下被带来的。”是的，这样的说法看起来很有说服力，因为对于儿童和动物的幼崽的早期行为而言是很贴合的。但是，假如你们去检验那些对儿童与动物的观察，就会发现这个说法存在问题，然后找出其中不科学的地方，发现其形而上学的本质。

有许多专述本能的文章，作者其实从来都没有对动物的幼崽以及人类儿童进行实际的观察，而这样的文章在过去的3年中差不多有100多篇。关于本能这一问题，哲学不会回答我们，因为这都是一些实际的问题，我们想要知道答案就必须去对事实进行认真的观察。其实在本能的知识上，行为主义者也同样缺乏对事实的观察，但是他们的推理并没有脱离自然科学的范畴。

接下来我们进行一个实验，通过这个实验你就会发现本能这个术语其实是不需要的。

现在我的手里拿着一段树枝，树枝会在我将它抛向前方或者是抛向上方时先飞行一段距离，之后才会掉落在地。我将它捡回来并且在热水中浸泡，等到树枝变得有韧性后将其弯曲。当我再次将它抛向前方时，它会在飞行一小段距离之后转弯飞行，再次飞行一段距离才掉落在地。我将它捡回来，这次我将它弯曲成一个“凸”字的形状，这时候它就能够称作是飞镖了。当我再一次将它抛向前方或者是抛向上方时。它旋转着向前飞去，但是突然间它调转了方向向我所在的方向飞来，并且落在了我的脚边。同样一段树枝，只是形状不同就能回飞到我所在的位置。但是即使这样，我们能说这是飞镖的本能吗？当[illegible]不能，它之所以能飞回来，是因为对它的加工与制作就是为了使它能够[illegible]飞回这一目的而进行的。飞镖其实就是这样，只要制作得当，抛出的手法得当，它必然能够飞回到你的身边。不过无论你使用什么方式，飞镖的飞行路线都不会完全相同。

或许这个例子有些难以理解，下面我们换一些简单的例子来说明。骰子大家都掷过，那你们知不知道，如果想让它每一次都是“六”的那一面向上的话，可以使用一种特定的方式让骰子旋转来达到这一目的。至于原因也很简单，那是因为它就是为了这样旋转而被制作出来的。再举个例子，你在一个橡皮基座上按上了一个木制的玩具兵，然后你将它投掷出去，此时你会发现，每次你扔出去时，玩具兵总会垂直地站立着。但是你能因此就说站立是这个玩具兵的本能吗？

无论是飞镖、骰子还是玩具兵，它们本身都没有运动特征，它们的运动特征只有在我们将它们投掷出去时才会表现出来。当我们对于制作它们的材料进行更改，或者是对它们的结构以及形状进行更改，那么它们的运动特征自然而然会发生改变。同样，人也是由材料做成的，只不过构成人的材料比较特殊，并且这些材料是以一种特定的方式组合起来的。当我们对一个人进行了某种训练，并使他投身于某种活动之中，那么他能够如同飞镖一样，表现出一种独特的运动吗?

通过这个问题我们再次回到我们的中心思想上来。假如飞镖没有回到投掷者身边的本能，并且我们能够简单明了地通过物理规律来对飞镖的运动进行说明，而无须通过一种神秘的解释，那么我们是不是能够通过这个过程总结出一个简单的道理呢?

用特定的方式将特定的物质组合起来就形成了人，那么在人还没有进行学习，没有重新整合自己时，他的行动难道不就应该是这个样子吗？于是有人问了:“如果你也承认人的结构决定了人在出生时的行为，那就说明你的论证是错误的，因为这不正是我所说的本能吗？”我想说，我们现在需要通过对事实的观察来得出结论。通过对婴幼儿的研究和观察，你们会发现不一样的事实，对于詹姆斯的本能理论你们也不再会继续相信下去了。

5. 本能变成了什么？

习惯因素的存在我们很早以前就发现了，而且在很多简单的动作中也存在着习惯因素，这种简单的动作我们称之为“生理反射”。让我们再来回顾一下詹姆斯的“本能表”。当我们可以观察到詹姆斯所描述的竞争、模仿等行为之时，就习得反应这门学科而言，婴儿在那一瞬间可以称得上是一名研究生了。

通过对实际的观察，本能这一概念我们已经无法再容纳了。观察并记录个体的生活史，这才是得出结论的真正的科学程序，也是唯一正确的方式。

我们以微笑为例。微笑是随着个体的出生而出现的，机体内的刺激以及接触都可能会引起微笑的发生。这种条件反射形成得非常快，最开始时，婴儿只有见到母亲时才会微笑，之后听到母亲的声音，或者看到母亲的照片，婴儿都会微笑。很显然，特定条件反射的这整个生活就是决定微笑的关键，对此只需对遗传系统进行系统地观察即可，无须用理论来进行解释。如此一来，弗洛伊德以及他的信徒们精心编制的谎言就会像一些没有谷粒的谷壳，不用我们做出什么就会随风飘走。

关于操作的问题在这里我们也稍微提一下。这一行为在婴儿出生的第120天开始出现，等到婴儿6个月大时，这种行为很显然已经变得相当稳定和熟练了。这种行为建立的方式多种多样，婴儿手里的玩具、允许这一行为发展的时间等都是行为建立的基础，而那些只谈所谓的“建设性本能”而无视早期训练因素的言论都是与事实相违背的。

除此之外，总有一些如“让儿童的内在天性得到充分发展”一样的毫无意义的口号出现在教育宣传之中。这些句子或者短语都是为了表述所谓的神秘的“本能内在生活”，类似的有“自我表现”“自我实现”“未曾开化的人群的生活”等。还有一些作家认为在他们的读者之中出现的反应是由于以社会传统为基础的结构所引发的，一大批心理学家误解了这其中的内涵，于是对以社会传统为基础的结构进行了支持。

Chapter 06

情绪心理：情绪领域及其实验研究

在心理学领域之中，情绪可以说是一个十分重要的课题，人们对它进行了大量的研究，有关情绪的研究资料可以说已经积累了很多。但是在我看来，这些研究都是缺乏科学性的。

情绪在行为主义者看来是一种模式化的反应。整个身体机制的变化都包含在这种反应之中，其中最为明显的就是内脏的变化以及腺体的变化。当反应被刺激唤起时，反应所表现出来的细节会一一出现，并且这些细节会有一定的规则性以及恒常性，所以我们才说这样的反应是模式化的反应。

就比如说，一个人走在漆黑的野外，前方传来猫叫声，这个人立刻感觉毛发竖起，心跳加快，表现出明显的恐惧反应；但是，如果是在自己家里听到猫叫声，这种恐惧反应就不会出现。所以，个体处于某种对于刺激比较敏感的状态之中，刺激的作用才会显现出来，这也是情绪模式化反应所必须具备的条件。

1. 詹姆斯的下金蛋的鹅

詹姆斯与老一辈的生物学家所采用的方法不同，他在老一辈生物学家的那些对于情绪进行描述的文字旁边写下了这样的注解：“心理学之中最冗长、最乏味的一部分就是这些描述情绪的文字。”他还写道：“不仅如此，它还会让你觉得这些细节是不重要的并且是杜撰出来的。”詹姆斯寻求的是一种可以容纳词语的容器，一种可以将每一种独立的情绪都投入其中的公式。他这样比喻自己所寻找的这个公式：“我想要捕捉的，正是一只下金蛋的鹅，而对金蛋的描述却仅仅只是一件小事。”

他的公式是这样的：“对现存事物产生感知的同时，身体随之发生变化，而情绪就是我们对这种变化的感受。”那么对于他所发现的这个公式，他又是怎样进行证明的呢？通过内省，他进一步对自己理论之中最为重要的一点进行了阐释：“假如我们想要从自己身体感受的意识之中提取出一种非常强烈的情绪，那么我们什么也得不到。情绪不是由什么心理原料组成的，而是一种状态。”

对情绪进行研究的最好方式，我们能够通过詹姆斯的理论找出，而这种方法就是：静静地站着，不要乱动，直到你出现某种情绪，然后开始内省。而你的内省，可能会出现这样几种形式：我有了一种饥饿的“感觉”；我有了一种心跳加速的“感觉”；我有了一种腿部发麻的“感觉”；等等。而这些“感觉”，是一种恐惧的情绪。内省是每一个人都不得不进行的一件事，但是迄今为止，对于情绪的观察是无法做到真正客观的，能够科学证明的实验方法我们也没有找到。

但是，詹姆斯很显然从来没有想过通过实验来对这一问题进行思考，他的追随者也是如此，他们只是有一个空洞的公式，这使得情绪研究的路途变得更加沉重和艰难。

2. 情绪的分类

詹姆斯除了内省，并没有提供其他的方法给我们。对于情绪，他也只是粗略地列举了一个名单，除此之外，还有一份在他看来已经比较精细清晰的表，这是按照美感、道德感以及理智感来进行分类的。

麦克杜格尔也对情绪做过一个分类，这个分类与詹姆斯的分类并不相同。麦克杜格尔发现，总会有一种原始的情绪伴随在一个本能的周边。比如当一个人产生了一种恐惧的情绪，那么他就会产生逃跑的本能；当一个人感到愤怒时，那么他就会产生一种好斗的本能；当一个人产生了一种惊奇的情绪，那么他就会产生一种好奇的本能；当一个人产生了一种厌恶的情绪，那么他就会产生一种排斥的本能；当一个人产生了一种得意的情绪，那么他就会产生一种自主的本能；当一个人产生了一种服从的情绪，那么他就会产生一种自卑的本能；等等。除此之外，情绪倾向是难以在性格之中进行标注的。

不过，麦克杜格尔的分组之中同样不存在对于本能的精细分组，因此我们也不需要在这方面花费时间进行更进一步的考查，因为无法客观地去验证，所以它们就显得毫无价值。

3. 行为主义者对情绪问题的研究

行为主义者选择从一个新的角度来对情绪问题进行探讨，并且在过去的8年一直都致力于此。行为主义者在开始研究前，总是会抛弃前辈们的工作，从一个新的角度来展开新工作。通过对成年人进行观察，行为主义者发现在一般情绪的名义之下出现的广泛反应能够体现出一个人的成熟个性。比如生活在南方的黑人在面对黑夜时会颤抖不已，并且曾经被闪电击中过的木头，他们也不愿意捡回来当柴烧；而生活在乡村里的人们，则喜欢在夜幕降临时聚集在房屋的周围。如果我们站在一个比较世俗的角度对这些举动进行判断，那就是说，情绪反应中最强烈的那种是在他们最习以为常的情况与环境之中被唤起的。

我们以3岁的儿童为例，他们这年龄害怕的东西有很多，比如狗、兔子、昆虫、青蛙、猫等。我们对一组孩子进行了测试，我们牵着一条狗靠近正在玩积木的他们，有的孩子立刻停止了手上的动作，并且后退到角落里并且哭喊着让我们把狗牵走；有的孩子则没有出现任何害怕的反应。我们再用其他的动物和物品进行测试，发现引起不同孩子的害怕反应的事物也多有不同。

对于成年人的各种不同反应，行为主义者通过多次的检验发现，相对于事物、环境的操控或者有效使用而言，那些由于人的情绪世界以及生活在人们四周的客体所引发的反应显然更加复杂。简单来说，就是在客体身上出现了激烈的情绪反应，于是有效的习惯产生了。不仅如此，附属的身体反应也出现了成百上千种，而且这些附属反应是在客体没有要求的情况下出现的。我们对此进行举例说明，我们以黑人收藏兔脚为例。对于我们普通人来说，兔脚就是从兔子身上切下来的一部分，我们可以将它喂给自己养的狗，也可以把它丢进垃圾桶。但是兔脚对于黑人来说却是一件重要的物品。他们将从兔子身上切割下来的兔脚放到烈日下暴晒，晒干以后将它磨亮，然后小心翼翼地放进自己的口袋里，在遇到困难或者是陷入困境之时向它乞求帮助。其实这种反应在我们看来，就像是一个信仰上帝的人在面对上帝时的反应。

事实上，对人类而言，他们对事物以及情境的反应已经随着社会文明的进步改变了很多。不过，今天还是有很多人执着于对上帝的信仰。面包和葡萄酒是我们餐桌上常见的食物和饮料，这是非常普通而又简单的东西，可是一旦它们作为教堂提供给人们的圣餐之时，它们就会引起人们一系列的反应，比如低头、闭眼、祷告，等等。从起源上看，这种反应与黑人对兔脚的反应是对等的。

为了更加深入地对情绪问题进行研究，行为主义者对自己周围的人进行了观察。于是他发现邻居会在地下室里传出巨大声响时变得像孩子一样惊慌失措；有很多人认为“亵渎”上帝的名字是一件十分无礼的事情；有很多人为了避免遇到狗和马，在走路时总是特别小心，有时候遇到迎面而来的狗和马，就会立刻转身或者穿过马路来躲避它们；无论是男人还是女人，他们所厌恶的伴侣被他们抛弃掉时，他们的行为总是无法合理化。也就是说，假如这些生活中的事物以及情景能够被我们放到实验室里，假如一个可以完全科学地对它们产生作用的、从生物学角度出发的方法能够被我们制定出来，假如这些都能够被规范起来，并且我们在对人们日常行为进行观察时能够将这个作为指导的话，那么我们就能够在其中发现趋异的规律。像缓慢的反应、消极的反应、没有反应、不被社会接受的反应、附加的反应等，都属于趋异的表现形式。如此看来，我们将所有这一切都用“情绪”来指代还是颇为合理公正的。

反应的生物学标准规范我们并没有，这一点你们应该知道，但是我们却能够向这一规范靠近。我们对季节、天气以及昼夜的反应方式因为物理学的一步步发展从而变得标准化。于是，当我们看到一棵树被闪电击中时，不会再认为那是因为受到了诅咒；当我们得到了敌人的毛发、指甲，不会再认为我们能够因此而占据有利地位；当我们仰望阳光明媚的天空，不会再认为那里有着神灵的宫殿；当我们面对那些巍峨的大山，不会再认为那里是神灵的家园。我们的反应也因为科学、地理学的进步而变得标准化。当我们看到一种食物时，只会考虑它是否符合自己的身体要求，而不会再考虑这种食物是否干净。这就是因为通过食品学家的努力工作，我们对于食物的反应变得标准化了。

不过，非标准化依然停留在我们的社会反应之中。在耶鲁大学任教的萨姆纳教授指出，在某个瞬间或者是某个时间段里，无论是哪一种社会反应，都有可能被认为是一种正常的、非情绪的行为方式。就比如说，在某个历史阶段，女人可以有很多丈夫；之后的某个时间段里，男人可以有很多妻子；在一个饥荒的年代，很多人可能会被另一些人杀了吃掉；在一个信奉神灵的年代，孩子会被牺牲掉，用以抚慰神灵；有特殊能力的人可能会被当成女巫或者是巫师；等等。

在今天看来，我们的社会反应被标准化的程度还不够。让我们来回想一下，当我们面对父母时出现的附属反应，面对学术权威、艺术家时的崇拜，面对心爱之人的场合中表现出来的行为。对于这些附属反应，我们有很多词汇来进行涵盖，比如谄媚、尊敬、热情、崇敬、热爱家庭、热爱祖国，等等。面对这些情绪刺激时，我们的表现就如同一个婴儿一般。

然而行为主义的工作无法在成年人身上进行，因为成年人的反应都带有复杂性质，于是他们不得不从儿童的角度对情绪行为进行研究。

4. 三种非习得情绪反应的证明

有三种不同形式的情绪反应能够在新生儿中被三种刺激引出。现在，我们将这三种情绪称作是“恐惧”“愤怒”“爱”，当然，这并不意味着我们会使用这些词语的旧内涵，相反，我需要你们也将它们的旧内涵忘记，并且像对待呼吸、心跳等非习得反应一样对待它们。

（1）恐惧。之前我讲过，原始人在面对雷声或者是大树断裂之时会非常恐慌，而这样的事情在婴儿身上也同样出现了。婴儿在听到巨大的声响之时会出现惊跳、抿紧嘴唇、握紧拳头等明显的反应，并且呼吸也会变得急促。如果是年纪大一些的儿童，则会出现躲避、逃跑的情况。能够引起恐惧的声音刺激范围我并未进行过系统研究，但是反应并不是每一种声音都能引起的，比如一些舒缓的低音或者是颤音、音叉所发出的声音，等等。对于声音刺激的性质和反应，我们都应该进行细致的研究，每一部分都不能遗漏，只有这样，我们在描绘“刺激—反应”这一图景时，才能够做到完整、详细。

之前我对达尔文的大量文章进行了阅读，对于恐惧行为，达尔文在文章中进行了详细的描绘，我们能够从中找出大量引起个体恐惧行为的因素，有先天的因素，也有后天的因素。

失去支持也是一种能够引起恐惧反应的刺激。这种现象在婴儿睡觉时最为常见，当你将他压在身下的毯子抽出或者使他不小心从床上滚落时，必然会出现恐惧反应。假如频繁出现相同的声音刺激或者失去支撑刺激，那么这样的恐惧反应在婴儿只会出现一次。只有在相隔一段时间之后，这种恐惧反应才会再次随着刺激出现。因为失去支撑而产生恐惧反应的现象在成年人身上也时常见到。比如当我们行走在悬崖峭壁上面的栈道上时，全身的肌肉都会绷紧；当我们走在一个连接两座山峰的狭窄吊桥上，走到中间吊桥开始剧烈摇晃，我们就会立即出现非常明显的恐惧反应。

（2）愤怒。在过分拥挤的汽车站或者火车站，有没有注意过那些奋力穿过人群去赶车的人们的脸色？当你带着你的孩子回家，在你们穿过一条街时，他突然看到了自己感兴趣的东西，于是将你往回拖拽。但是你着急回家，于是强硬地将他拖了回来并且拖着他继续向前走。他僵挺着不想走，甚至可能会坐在地上哭喊，此时你有没有注意到他脸色的变化呢？

这种身体受阻的刺激导致了愤怒反应的出现。发怒反应的非习得因素很容易就能观察到，不过人们并没有对这些因素进行过完全的分类。对于孩子来说，一点轻微的压力就能够引起愤怒反应，比如将系有一个一盎司重的小球的绳子拴在孩子的手臂上，虽然这个重量很轻，但是会使得孩子的手臂持续受阻，于是便引发了愤怒反应。

（3）爱。很显然，由于父母轻轻拍打、对皮肤的抚摸、轻微摇晃、挠痒痒等行为对孩子的刺激，从而引起了孩子的爱的反应。当婴儿哭闹时，父母轻轻摇晃并且抚摸他，他就会停止哭泣并且露出笑容。这种爱的反应在通过对性感带区域进行刺激时表现得会尤为明显。相对于“爱”这个词通常的用法而言，我们这里所使用的“爱”包含意义更为广泛。“爱”这个词包含了许多反应，比如善良的、亲切的、密切的等。除此之外，成年男女之间的反应也包含其中。

5. 是否还有其他非习得反应？

具有遗传背景的反应是只有恐惧、愤怒和爱吗？对于这个问题，我们也无法给出一个准确的答案。能够唤起这些反应的是不是还有其他刺激？我们也一直怀有疑问。假如我们所进行的观察足够完整，那就说明那些在婴儿身上出现的情绪反应十分简单，同时还能说明一点，能够将这些情绪反应唤起的刺激是有一定数量的。

恐惧反应、愤怒反应和爱的反应在自出时并不明确。为了将它们进行区分，我们做了许多工作。在后来的生活中出现在我们面前的那些复杂的情绪反应与现在这些反应一定是不同的，不过我相信对于后来的复杂情绪反应而言，现在的这些反应就是它们的核心。它们形成条件反射的速度太快，以至于被我们视为“反应的遗传模式”，这个印象实际上并不正确。我们还是先对我们所观察的事实通过公式进行研究：

一般来说的恐惧：

（U）S（无条件）刺激	（U）R（无条件）反应
响声 失去支持	屏住呼吸、身体惊起、哭闹，其表现形式通常为排尿和排便。

一般来说的愤怒：

（U）S（无条件）刺激	（U）R（无条件）反应
身体运动受阻	身体僵直、呼吸暂停、脸色涨红或者发青、尖叫等。若有明显反

应，运动则集中于内脏方面。肾上腺分泌可能会提高。

一般来说的爱：

（U）S（无条件）刺激——————	（U）R（无条件）反应
抚摸皮肤、性器官，微摇晃	停止哭叫，发出笑声，以及其轻反应（尚未测定）。内脏因素占据支配地位，表现在循环系统与呼吸系统等的变化中。

对情绪反应进行研究时，我们如果使用公式来帮助我们思考，那么就能够减少出错的情况发生。

6. 情绪生活如何变得复杂起来？

在成人的情绪生活之中，会有大量的东西被表现出来，那么这些怎么样才能与我们的观察画上等号呢？面对黑暗，很多孩子都会感到害怕；面对蛇、老鼠、蜘蛛、蜈蚣等，很多人会感到害怕，可以说，在我们日常生活的方方面面以及我们所使用的物品上都附着我们的情绪。所以，能够唤起我们爱的反应以及愤怒反应的事物与环境也很多。在最初时，仅仅看到一个物体并不会唤起爱的反应或者是愤怒的反应，但是到了后来，这两种反应被唤起仅仅只是因为看到了某人。那么这样的情况是如何发展起来的呢？那些事物在以前并不能唤起人们的反应，但是后来却能引起人们的情绪反应，并且使得人们的情绪生活变得更加复杂和危险，这又是为什么呢？

从很久以前我们就已经对这个问题进行研究了。对于这一类型的实验，我们在最初时并不愿意去尝试，但是想要继续进行研究，又必须去进行实验，于是后来我们就在婴儿身上进行了实验，测试在其身上建立恐惧的可能性。被实验者叫作阿尔伯特，11个月大，他的母亲是一个护理人员。阿尔伯特出生到长到11个月之间都不曾在我们面前哭过，直到我们的实验进行之后。

在我向你们讲述这些实验以前，我想让你们回忆一下条件反射的建立。一个人如果将一个条件反射的反应建立起来了，那么他就一定有一个基础的刺激能够将这个反应唤起，之后使用一些其他的刺激来唤起这个反应。举个例子，假如你想要让手在蜂鸣器响起之时猛然缩回，那么你必须要在蜂鸣器响起的同时给你的手施加一个让你厌恶的刺激，比如电击。于是很快就会建立起一个条件反射。通过之前的讲解，我们知道巨大的响声是一种能够很快唤起恐惧反应的刺激，于是我们决定对这个刺激加以运用。

我们想要引起阿尔伯特对于小白鼠的恐惧反应，并且使之成为一种条件反射。我们已经知道，恐惧反应能够被巨大的响声或者是失去支撑所唤起。和大多数孩子一样，阿尔伯特对巨大的声响表现出强烈的反应。我们使用小白鼠与响声的组合刺激来进行实验，最后阿尔伯特看到单独的小白鼠就会立刻掉头爬走。

通过实验，我们发现恐惧反应是条件反射的起源，而这一发现大大有利于我们对情绪反应的研究，因为它可以对成人情绪的复杂性进行解释说明，从而使我们不再需要借助遗传。

7. 条件性情绪反应的泛化或迁移

在我们利用小白鼠对阿尔伯特进行实验以前，我们将兔子、棉花、狗、面具、护理员的头发、毛围巾给他玩，并且这些东西陪伴了他很长一段时间。那么在他已经形成了对于小白鼠的条件反射以后，他再次见到这些物品会有什么反应呢？带着这个疑问，我们有5天的时间没有对阿尔伯特进行实验，等到第6天，我们继续进行实验。

当他面对积木时，他还是像往常一样拿起来玩，但是面对小白鼠时会尽可能快地躲开。这也就说明之前建立的对于小白鼠的条件反射依然存在，接下来我们使用兔子、狗、毛围巾、棉花、人的头发来对他进行实验。当我们将一只兔子摆放在阿尔伯特面前时，他出现了与看到小白鼠时相同的反应。然后我们把一条狗放在他的面前，他看到狗的反应没有像看到兔子的反应那样强烈。只有我们将毛围巾摆放在他的身边时，他开始变得烦躁，并且试图远离毛围巾。接着我们把一纸袋棉花放到他的脚边，他一脚踢开了纸袋，却没有主动去摸棉花；我们使他的手触碰棉花，他立马将自己的手回缩，但是没有出现类似于之前看到动物与动物皮毛时候的反应。之后他拿着纸袋开始玩，却没有去接触棉花。这说明在一个很短的时间内，他对棉花的消极反应消失了。最后，实验者在阿尔伯特玩耍时低下头，阿尔伯特对实验者的头发产生了明显的消极反应；但是另外两位观察者对阿尔伯特低下头时，阿尔伯特却开始玩他们的头发。

通过实验，我们可以看出条件性情绪反应的迁移或者泛化，并且这个实验为此提供了有力的证明。从实验中的迁移来看，条件情绪反应和另外一部分条件反应并无二致。我们先来举一个分化反应的例子。假如你想要建立起一只动物对于声调A的条件反射，那么你会发现，在训练的初期，这只动物对任何一种声调都会出现反应。但是假如你只在声调A出现时对其进行喂食，那么用不了多久，这只动物就能够建立起对于声调A的条件反射。

而相同的因素同样出现在条件性情绪反应的迁移或者泛化的事例之中。我相信那种鲜明的分化反应能够被我们建立在情绪领域之中，就如同在其他领域中所建立起来的一样。假如我们能够将这个实验继续下去，或许我们就能将个体的恐惧反应的出现控制在小白鼠出现的时间，而不是只要看到毛茸茸的动物就会出现反应。如此一来，我们就能够将条件性情绪反应进行分化，并且这种情况的出现非常有可能。在婴儿期和幼儿期，我们的情绪状态还不曾分化，等到了成年期，仍然有一些人的情绪状态还停留在尚未分化的情况之下，特别是一些未受过教育的人身上这种情况尤为明显。而那些受过教育的人则不同，他们在各种方面都接受过训练，所以他们的条件化情绪反应到达了一种次级阶段或者是分化阶段。

假如我们的推理没有出错，那么在解释弗洛伊德的“移情”以及迁移的情绪反应时，我们就拥有了一个完全正确的方法。在条件性情绪反应建立的初期，一种反应会被一个广泛的刺激唤起，并且一直继续下去直到使条件性情绪反应达到分化阶段。等到了这一阶段，你就会发现，反应只会在你当初想要建立条件反射的事物出现时才会发生。

8. 情绪反应小结

和本能的遗传一样，情绪反应的遗传也缺乏证据来证明。或许只有婴儿对刺激的反应才能够对我们的研究成果进行很好的描述。在对这一领域进行研究之后，我们发现了巨大的响声以及失去支撑等这一种类的刺激，而这种刺激引起了呼吸停顿、惊起、哭泣等一般类型的反应。制止或者是抓握这一类型的刺激，则会引起屏住呼吸、张嘴哭泣、循环系统的变化等反应；对皮肤与性感区进行抚摸这一类型的刺激，则会引起呼吸的变化、微笑等反应。还有一点需要我们注意到的是，这些刺激所唤起的反应并非相互排斥，甚至有些反应还是相同的。

我们建立情绪的起点，就是这些简单的无条件反射的刺激以及它们所唤起的反应。就是说我们在建立情绪反应时就像我们对其他反应类型一样。通过迁移，我们将刺激的范围扩大了许多，从而增加了唤起反应的刺激的数量，刺激的数量增加了，与之相对应的反应的数量自然也就增加了。

还有一组复杂的因素能够增加我们的情绪生活，值得我们去关注。一个人在一种情况下可能会引起别人的恐惧反应，而在另一种情况下可能引起别人的愤怒反应，当然也有可能在第三种情况之下，唤起别人爱的反应。我们对情绪的组织感到满意，正是因为这种复杂性的增加。

我在对关于人类的更为复杂的反应类型进行描述时提出如下思想：内脏因素与腺体因素在情绪反应中始终占据支配地位，即使任何一种情绪反应中都包含着外显因素，比如手臂、腿、身体、眼睛的运动。

而我们通过客观观察所得的内脏因素与腺体因素引起的情绪反应有很多。比如一个人有一颗热烈跳动着的心或者他在痛苦来临时垂下了脑袋；比如少年和少女们拥有悸动的心，他们浑身上下都洋溢着青春；一个人在感到恐惧只是浑身冒冷汗；等等。

这些被我们所隐藏的含蓄的内脏反应与腺体反应，社会从来都没有真正掌握过，不然一定会对它们进行约束与教育。在对我们的反应进行规定这一点上，社会将它的嗜好向我们展示出来。就像是我们的言语、手臂、躯干以及腿部的运动这一类的外显反应都会受到训练，从而成为一种习惯。而内脏的行为，这个社会即使是想要把握、想要为其制定相关的规范与制度也无能力，因为它们都是内隐的。但是这样必然会出现一个结果：我们在对这些反应进行描述时，没有准确的词语以及名称。一个人能够对两个击剑手的动作以及他们所做出的反应进行描述，因为我们有习惯用的词汇可以对这些动作以及过程进行描述。可惜的是，迄今为止，这些内隐的反应仍然都是非词语化的。不过有一点我们需要明确，那就是内脏的运动与腺体的运动在感到情绪激动时一定会发生。

我们想要谈论自己身上所发生的一些事情时，却因为这些反应没有被命名而无法进行谈论，不仅如此，我们连能够代表它们的词汇都没有。有许多非词语化的东西存在于我们人类的行为之中，而这也让我们对弗洛伊德主义者所说的“无意识情节”与“压抑的愿望”有了科学的了解。这也就是说，情绪研究是能够回归自然科学的。

如同其他的行为习惯一样，我们的情绪生活也在逐渐成长与发展。可是，在成长的岁月中，我们会像抛弃我们曾经的言语或者手势习惯一样抛弃曾经养成的情绪习惯吗？以前我们无法对这一问题进行回答，但是现在，我们却能够通过事实就其中的一部分进行回答了。

Chapter 07

情绪研究：情绪心理的进一步实验与观察

就像我们的其他习性一样，情绪生活也在发展与成长，那么我们曾经养成的那些情绪习惯是不是应该废弃呢？它们会不会随着我们年龄的增长而发生变化呢？假如在准备好的条件之下能够建立起情绪反应，那么它们是不是同样可以被破坏呢？破坏时有哪些方法呢？

在情绪研究领域，我们试图进一步进行实验，然而却因为各种原因，研究工作经常暂停，但是，即使障碍重重，我们还是完成了这些实验，并对过程和结果加以记录。

或许之前，我们还没有事实依据来对那些问题进行回答，但是现在我们能够对其中的一些问题进行回答和解释了。同时，我们还对情绪问题进行了适当的简化，为人们提供了许多解决情绪问题的方法。

1. 试图消除恐惧反应时所采取的方法

在一个可以引起恐惧反应的情境之中，我们放置了很多不同年龄阶段的孩子，并以此来确定孩子的条件性恐惧反应。通过观察，我们发现那些抚养在家中的孩子都会表现出恐惧反应，这一点让我们对恐惧反应的条件化更加确信。我们也相信通过对每一个个体进行研究，使他们经历这样的情境，那么孩子最为明显的条件性恐惧反应就能被我们找到，并且可以引起这些反应的事物或者情境也会被我们找到。

事实上，我们的研究环境对我们十分不利，因为我们无从得知每一个孩子的恐惧反应“遗传史”，因此也就无法确定某种特定的反应的产生是因为迁移还是它被条件化了。不仅如此，我们还遇到了很多别的困难，这一切都对我们的试验造成了一定程度上的影响。

每当一个孩子的恐惧反应以及唤起这种反应的刺激被我们所明确时，我们就会尝试消除孩子的这种恐惧反应。有一句话是这样说的：“他会在远远离开它时忘记它，并且不会记起关于它的一切。”我们通过测试，证明了这种方法是有一定效果的。当我们进行长时间的刺激消除，无论是孩子还是成年人都有可能会忘记由这种刺激带来的恐惧反应。

下面我们再对几种消除恐惧反应的方法进行说明：

（1）言语组织的方法。

我们测试的孩子大部分都在4岁以下，所以我们使用言语对能够唤起孩子恐惧反应的事物进行描述，并以此作为刺激来引起孩子的恐惧反应的可能性并不太高。很显然，这种方法只有在孩子具备一定的语言组织能力时才能够使用。不过，我们很幸运地在被测试的孩子中找到了一个能够很好地对语言进行组织的孩子，她叫简，已经5岁了。

当我们把兔子拿到简面前时，她的恐惧反应表现得明显。后来很长一段时间，我们都没有再将小兔子拿到她的面前，但是在这段时间里，我们每天都会同她讨论有关于小兔子的话题，有时候也向她展示关于小兔子的连环画，有时候向她展示一些小兔子玩具和模型，通过这些来向她讲述小兔子的故事，讨论的时间也不长，每天在10分钟左右。在我们给她讲故事时，她都会问："你的小兔子呢？"有时还会问："能给我看看你的小兔子吗？"有一次她还说："我记得我以前有一次摸过你的小兔子。"但是她其实并没有抚摸过小兔子。

就这样过了一个星期，当我们再次将小兔子放到她面前时，她出现了与第一次见到兔子时相同的反应。她不再继续她的游戏，而是不断地向后退着想要躲避。但是，假如我们拿着小兔子，并且轻声细语地哄一哄她，她就会小心翼翼地走上前来抚摸小兔子；可是一旦我们将小兔子放到地上，她就会哭喊着让我们把兔子拿走。

由此可见，在消除恐惧方面，假如言语组织不曾与内脏或者动作的顺应相联结，那么就不会有明显的效果出现。

（2）频繁运用刺激的方法。

这种方法就是每天都用动物来唤起孩子的恐惧反应。但是我们在这方面的实验却没有得到扩展，结果也不甚理想。有很多案例并没有出现真正的消极反应，也没有产生积极反应。而在另一些案例中，这些反应则应该是一种顺应，而不是人们所想的累积效应。

（3）引起社会因素的方法。

在孩子的群体之中，大多数人是在学校里认识的。当面对某一事物，一个群体之中仅有一个孩子出现了恐惧反应，其他人都没有出现恐惧反应的话，这个孩子就会被称作“胆小鬼”。对于这个社会因素，我们将其运用到我们的测试中来。

亚瑟是个4岁的男孩。当他独自一人看到被放在鱼缸之中的青蛙时吓得哭着跑了。后来我们将亚瑟和另外4个男孩以及放了青蛙的鱼缸带到一个房间里，此时亚瑟不停地往其他人身后躲。当其中一个小男孩将青蛙拿在手里并转向亚瑟时，亚瑟吓得大叫，并且转身就跑，于是大家开始嘲笑亚瑟胆小。显然，这个场合虽然特殊，但是并未减少亚瑟的恐惧。

但是，这个方法很可能会让孩子对整个社会产生一种消极反应，所以用这种方式来消除对动物的恐惧显然并不是安全可靠的，甚至可以说这是最危险的方式。不过，适当的社会方法是能够建立积极反应的，对于消除恐惧也能起到一定作用，我们通过两个案例进行说明。

波比是一个30个月大的男孩，他经常与两个女孩一起玩耍。我们将装着兔子的笼子放到波比的面前打开，兔子蹦蹦跳跳地出了笼子向波比靠近，但是波比一看到兔子就哭叫着退得远远的，并让我们将兔子放进笼子带走。这时候，经常和波比一起玩的两个女孩走了过来，她们看到兔子立刻变得兴奋起来，并且热烈讨论起来。波比看到两个女孩走过去，于是好奇战胜了恐惧，他跟着女孩靠近了兔子。

文森特是一个21个月大的男孩。他很勇敢，对兔子一点都不感到恐惧。不仅如此，每次看到兔子他都会开心地大笑，并且伸手将兔子拿过来抚摸。但是他的玩伴莉莉却非常害怕兔子。当他俩在一起玩耍时，我们将一只兔子放到他们身边，莉莉看到兔子立刻开始哭喊躲避。莉莉的反应显然刺激了文森特，恐惧反应迅速出现在他的身上。平时他俩玩耍时，莉莉偶尔也会哭喊，但是文森特并没有多加留心，可是，一旦莉莉的哭与兔子有关，这就产生了一种十分明显的提醒作用。于是恐惧的迁移通过这样一种方式完成，并且还持续了两周。两周之后，我们将兔子带到两个不会对兔子产生恐惧反应的女孩面前，然后又将文森特带过来。一开始文森特站在一个距离兔子比较远的位置观察着，后来其中一个女孩走过来，并引导文森特走近兔子抚摸它，而文森特在摸到兔子时，开心地笑了。

这一方法在使用上还是有一定的困难，因为有时候还没有产生恐惧反应的孩子会受到已经产生了恐惧反应的孩子的影响，从而产生恐惧反应。不过这些方法虽然没有使我们得到最终的结果，但是它们都给予我们一定的启发。

（4）重建条件反射或者无条件反射的方法。

在消除恐惧的方法之中，就目前来看，无条件反射或者重建条件反射是最成功、最有效的方法。自然科学爱好者总是喜欢在各种各样的健康宣传中使用重建条件反射这个词组，但当我们使用时却感到这个词组有些差强人意。无条件反射在我们看来，不过就是另一个能够拿来用的词组而已。

在这里，我会向你们详细讲述一个我们运用无条件反射的案例，通过这个案例你们能够了解到其使用的方法以及我们在研究之中所遇到的困难。

3岁的彼得是一个活泼的小男孩，对于日常生活环境他非常适应。不过他对很多事物都会产生恐惧反应，比如小兔子、小白鼠、羽毛、毛围巾、羊毛、棉花、青蛙等，除此之外他还害怕一切的机械玩具。你是不是会觉得彼得很像之前讲过的阿尔伯特？他们害怕的东西差不多，但是你们要记住一点，阿尔伯特的恐惧产生于实验室，而彼得的恐惧则是源于家中。

下面我们进一步了解彼得的恐惧：

我们将彼得放在游戏房中的小床上，于是他开始玩他手边的玩具，不亦乐乎。这时候，一只小白鼠出现在彼得的床边，他看到以后吓得躺倒并开始尖叫。我们将小白鼠拿走，把他抱到椅子上坐好，同时让不害怕小白鼠的小女孩金妮将小白鼠拿在手里，坐在彼得旁边的凳子上。彼得显得非常安静，他一动不动地坐在那里看着金妮和她手里的小白鼠。我们将彼得的一件玩具放在床上，当小白鼠碰到玩具时，彼得就会以一种抱怨的语气说道："我的玩具啊！"但是金妮去碰他的玩具，他却没有什么反应。让他去玩时，他不仅不去，而且还表现得很恐惧，25分钟之后他才继续去玩耍。

之后我们将他对事物所产生的反应记录下来：我们将他放到游戏房的小床上，他拿着玩具坐在床上玩；我们将一只白球滚进屋里，他将球捡了起来并且用手抓着它；我们将一块毛皮地毯挂到他的小床边，他哭喊着让我们拿走；我们将一袋棉花放到他的面前，他哭喊着，并后退试图远离；我们将一件毛皮大氅挂在床边，他哭喊着直到我们将其拿走；我们拿给他一个粗布玩具熊，他看了一眼，并没有出现消极反应，也没有出现积极反应；我们拿给他一个木制的玩具娃娃，他同样没有出现什么反应。

消除恐惧的训练是从之前对社会因素进行讨论时开始进行的，而且已经出现了明显的成效。可惜彼得因为生病在医院待了两个月。彼得出院时，有一条大狗一直跟着他和陪同的护士，这让两人十分害怕，等胆战心惊的两人坐上出租车时，彼得脸上露出了非常明显的疲惫神色。

当彼得完全康复并且可以继续参与实验时，我们发现他对动物的恐惧似乎又扩大了许多倍。于是我们只能放弃之前的方式，改用另一种新的程序，也就是使用直接的无条件反射。

对于彼得的午餐，我们并不控制，不过牛奶与饼干却是每一餐都必备的。午餐的房间很大，长度在40米左右，吃饭时我们会把彼得放在吃饭的小桌子旁边的椅子上。每次他吃饭时，我们就会把一只兔子关在一个网格状的笼子里面带进这个房间。最初时，我们为了防止兔子的存在会打扰彼得用餐，便把笼子放在了一个很远的位置，不过这个位置彼得一抬头就可以看到；后来，关着兔子的笼子被放到距离彼得近一点儿的位置，当然这个位置并不会打扰到彼得用餐；之后的一段时间，关着兔子的笼子越放越近，直到有一天，兔子能够被放在彼得吃饭的桌子上，此时他已经可以一边吃饭一边观看兔子了；最后兔子可以被放在彼得的膝盖上，甚至他会在吃饭时，腾出一只手来逗弄膝盖上的兔子。通过这一实验，我们发现彼得的手和内脏在这样的一个过程中重新受到了训练。

彼得身上曾经出现过的最夸张的恐惧反应就是由兔子唤起的，所以当他对兔子的恐惧反应被消除以后，我们想知道他对其他类似的动物或者物品会不会产生恐惧反应。测试的结果告诉我们，彼得在面对此类物品时已经完全不会产生恐惧反应了，不管是棉花、毛围巾还是羽毛、小毛毯，在看到这一类物品时，彼得都会伸手去摸一摸，甚至他还拿起那块小毛毯展示给我们。

面对小白鼠时，彼得的反应也比之前有了十分明显的改善。当我们将装有小白鼠的盒子放到他面前时，他会提着它在房间里溜达，但是更积极的反应却没有了。

之后我们将一小堆蚯蚓和一只彼得不曾见过的老鼠拿给他，以此来测试他在这样一个新的情境之中的反应。他看到老鼠时，表现出的反应有些消极，但是没过多久对蚯蚓的好奇使他产生了明显的积极反应，他兴致勃勃地开始玩蚯蚓，而老鼠对他的干扰在这个时候也就消失了。

不过，我们的这一类实验针对的是那些在家中出现恐惧反应的孩子，这些孩子最早在什么样的情境之下发生了恐惧反应，这一点我们毫不知情。假如这些信息我们早已知晓，假如那个最早使孩子产生无条件反射的事物我们早已知晓，那“迁移的”反应就会立刻消失无踪，那么我们在这一领域的研究将无法再继续进行，除非我们在最初的恐惧反应建立之时就已经对此有了丰富的经验，能对迁移多加注意，并且针对最初的反应来建立无条件反射。我认为，一些强度方面的差异很可能存在于一级条件反射、二级条件反射、不同的迁移反应之间，如此一来，我们可以说一切特定的孩子都是可以被条件化的。

通过实验的不断进行与对问题的不断探讨，我们发现情感领域能够在很多方面开辟实际应用范围，比如学校、家庭以及我们的日常生活。

不管怎么样，关于恐惧反应的试验已经在我们的注视之下诞生了，且不论结果如何，至少我们得到了一种证明：如果我们想要将恐惧反应彻底清除的话，可以通过这样一种安全的试验方法来进行。在控制恐惧反应上这种方法的效果是明显的，那么我们是不是也可以通过这样的方法来对其余相关的情感组织的形式进行控制和干预呢？我认为这样的做法是可行的。从起源与趋势上来看，情感组织与其余的习惯没有什么太大的不同，它们都有着相同的规律。

其实，有很多缺陷存在于我们的实验之中，其中较大的一点，就是对于孩子的饮食，我们竟没有完全进行控制。或许当令人恐惧的事物出现在孩子面前，我们随即对孩子进行爱抚、轻拍的话，无条件反射产生的速度会更快。

2. 导致儿童情绪性条件反射的家庭因素

我相信，在我们抚育下一代时，早晚会有没有恐惧反应和啼哭出现的一天，除非是有疼痛的刺激或者是让人厌恶的刺激出现，否则他们是不会啼哭的。可是就目前的情况而言，孩子却总是啼哭，不管是早上、中午还是晚上。感到饥饿时会啼哭；失去支撑时会啼哭；掉到床下时会啼哭；听到巨大响声时会啼哭；身体组织受到伤害时会啼哭；等等。但是这些也只能说明我们并没有对婴儿进行一种令人满意的训练，婴儿的情绪结构被我们破坏了。

琼斯夫人曾经进行过一个实验。她跟踪调查了9个孩子，并对他们从早到晚的啼哭和发笑及其发生的时间进行了记录，同时还记录了唤起这些反应的情境以及这两种反应对孩子今后行为所造成的影响。

琼斯夫人所观察的这9个孩子年龄在16个月到3岁之间，进行观察之前，这些孩子都是在各自的家庭之中被抚养的，实验进行时他们暂时住在赫克希尔基金会中。琼斯夫人先后观察了两次，中间相隔一个月，虽然观察所得出的结论尚未发表，但是她已经将这一实验过程中发现的事实情况提供给我。

下面是引起孩子啼哭的情境，我以啼哭的次数为顺序将其中一些最为常见的情境排列起来：

（1）必须坐在马桶上；

（2）手里正在玩的玩具被人拿走；

（3）洗脸；

（4）自己一个人待在房间里；

（5）大人离开了自己所在的房间；

（6）试图玩某种东西但失败了；

（7）试图吸引别人注意或吸引别人与自己说话、玩耍却没有成功；

（8）穿衣服；

（9）没有使大人抱起自己；

（10）脱衣服；

（11）洗澡；

（12）擦鼻子。

除了上述12种常见情境之外，还有很多种情境也会引起孩子的啼哭。根据统计，这样的情境一共有上百种。而在这些情境中孩子做出的反应，有一部分可看成条件或者无条件愤怒反应，就比如（1）必须坐在马桶上；（2）手里正在玩的玩具被人拿走；（3）洗脸；（6）试图玩某种东西但失败了；（10）脱衣服；（11）洗澡；（12）擦鼻子。而另外一部分看起来似乎应该是爱的条件反应，比如（7）试图吸引别人注意或吸引别人与自己说话、玩耍却没有成功；（9）没有使大人抱起自己。在这种情境之中，除非消除孩子对人们的依恋，不然爱就不会冷淡下来。

琼斯夫人说，在许多情境中，比如让孩子站在高台上，让孩子自己从高高的滑梯上滑下来，还有上述12种情境中的（4）（5），孩子都有可能啼哭，这是因为孩子对这些情境有无条件反射以及条件反射的恐惧反应。

当然，孩子的啼哭也有可能是因为自身的一些问题，比如饥饿、困乏、病痛等一类的情况。琼斯夫人发现，在上午9点到11点这段时间里，孩子自身内部的一些原因很可能会引起啼哭，于是她在午餐之前为孩子安排了休息时间，这样一来就减少了由于孩子自身因素导致的啼哭。

琼斯夫人在记录孩子发笑时所采用的方式与她记录啼哭之时是一样的。下面是引起孩子发笑的情境，我按照使孩子发笑的原因的出现次数，将其中一些情境进行排列：

（1）通过游戏式的挠痒痒或者穿衣服被逗乐；

（2）同别的孩子一起玩耍、追逐、奔跑；

（3）玩玩具，尤其是皮球之类的；

（4）同别的孩子嬉戏打闹；

（5）围观其他孩子玩耍；

（6）在对某件事做出尝试时出现了顺应；

（7）用乐器发出声响，并且有些像音乐。

从统计的结果来看，有85种能够引起孩子发笑的情境。以上罗列的7种是这些情境之中最为常见的。不过，我们是无法让微笑反应形成条件反射或者是无条件反射的。

如果我们对情境进行操纵，这样的情况加上孩子自身的内部状态，那么即使是同一种刺激，孩子也可能会出现两种不同的反应：有时啼哭，有时发笑。举个例子，把孩子抱去洗澡或者是洗脸，通常情况下孩子在这样的情境之中会啼哭，但是也有些时候孩子会发笑；给孩子穿衣服时，因为拽衣服或者是衣服从头上套下来，孩子都有可能会啼哭，但是如果采取一种游戏式的穿衣方式，孩子就会发笑。不过要注意的是，不要在孩子进行正常程序的事情之时对孩子进行过分的逗乐，以免宠坏孩子。这样的例子有很多，我曾经见过一个孩子因为新来的保姆没有在吃饭、穿衣、洗澡时对孩子进行逗乐，孩子就不停地啼哭。

虽然我们的实验相对而言还不够完整，不过通过实验我们还是能够了解到，我们可以对家庭中引起孩子啼哭的情境进行干扰，从而让孩子发笑。除此之外，我们还应该对孩子的成长环境进行深入了解，及时消除不利于孩子结构发展的情境，重新建立起良好的环境。

3. 我们该不该养成儿童的消极反应？

目前国内流行的教学方法并不赞成给孩子施加消极反应，但是我却认为应当使用科学的方式，适当地将某些消极反应施加给孩子，只有这样才能真正保护孩子。不过有一点我需要指明，那就是条件性恐惧反应并不等同于消极反应，甚至可以说这两者之间需要划清界限。

消极条件反应是由于无条件恐惧刺激才形成的，而在这个过程之中内脏会发生变化，这也就意味着有机体的新陈代谢可能会被严重影响。而条件性的愤怒反应也同样具有破坏性，但是它从性质上而言，并非全都是消极的。事实证明，当一个人感到恐惧和愤怒时，他的消化和吸收都会受到影响，所以我们可以说恐惧和愤怒反应都会对有机体产生一定的危害。如果有人在面对噪音时没有做出消极反应或者是有人在行动受到阻碍时没有抗争，那么他们就有可能无法继续生存。而爱的反应却在一定程度上可以对新陈代谢进行加强，促进消化和吸收。

我们应当在被条件化了的动作行为上建立消极反应，比如为了引起手、脚的退缩而使用一些让人感到厌烦的刺激来进行。下面我举个例子对我的观点进行说明：我想要建立起一个孩子对于蛇的消极反应，我可以使用的方法有两种，一种是我将蛇展示给孩子同时发出吓人的声音，孩子吓得跌倒在地，并且开始哭，不久，只要孩子看到蛇就会表现出这样的反应；另一种是我在孩子伸手触碰蛇时用一支笔不轻不重地敲打孩子的手，这种消极反应是在孩子没有受到惊吓的情况之下建立起来的。不过，这种没有震惊的消极反应的建立需要比较长的一段时间。

我是不是可以说，我们这些生活在当今社会中的人，必须要对规则和戒律进行严格遵守呢？比如在马路上玩耍是不被允许的，路上看见流浪狗不能靠近，不能随便吃陌生人给的食物，不能拿锋利的刀具指着别人，等等。不过，我这样说也并不意味着在新的实验伦理学中，社会所要求的这些消极反应就全部正确，甚至我不知道人们会不会因为遵守这些规则和戒律而受益。我们生活在当今文明社会之中，就需要遵守这些规则和戒律，不然就会受到惩罚，当然也有些人非常倔强，这类人还不在少数，他们总是会去做一些不被允许的事情，从而受到惩罚。不过正是因为有这样的现象，我们才能够进行有关的研究。

我们不可能在有社会代理者统治每项活动时去学习或者试验新的社会反应。但是我们却看到了很多事实，比如女性的地位在过去的20年中有了显著提高；真正受过教育的人渐渐不再被教会所控制；等等。当然，正是控制的减弱才带来危险。同样的，在对新行为形式进行尝试时浮于表面以及实验还未充分进行就使用新的方法也会带来危险。

4. 在建立消极反应中使用体罚

在家庭和学校教育中，对儿童应不应该使用体罚这个问题人们一直都在关注和讨论。通过我们所进行的实验，我认为这个问题差不多已经得到了解决，对于我们而言，惩罚这个词不应该进入到我们的语言之中。

惩罚是伴随着我们的历史而存在的，圣经上也说“以牙还牙、以眼还眼”，可以说我们的社会与宗教生活中充满了这样的惩罚。

惩罚孩子必然不是一种非常科学的方法。作为孩子的父母、老师，我们所感兴趣的只能而且必须是符合团体行为的个人行为的建立。你们应该都有这样的想法，那就是一个人无论他是孩子还是成年人，他应该做的事就必须要去做。如果想要让一个人以前的举止和今后的举止有所不同，那就只能让这个人先成为一个缺乏教养的人，再使他变成一个有教养的人。

由于在个体成长时期，其所在的家庭和团体对其训练得不够充分，因此有些孩子和成年人所表现出来的行为并不符合他们各自的家庭和团队的行为准则。个体的一生之中，社会训练应该自始至终都在进行，因为个体的成长是伴随个体一生的。假如有人背离了那些我们早已经确定好了的行为准则，那“我们”就有着不可推卸的责任。我这里说的“我们”并不是字面上的我们，而是个体的家庭、老师以及其所在团体，还有这个社会。

让我们继续来讲对孩子的体罚问题，在我看来，鞭打和殴打孩子的行为不可饶恕。

第一，这是一种偏离社会常规的行为，不过这种行为早已在父母对孩子进行体罚之前就已经出现了。想要通过这一不科学的过程建立条件反应是不可能的。有些人认为孩子在早晨犯了错误，然后在晚上时打他一顿，能够让孩子改正自己的错误并且以后不会再犯。然而从事实上来看，这样的观点是十分可笑的。

第二，对孩子进行鞭打，很显然父母或者老师是在使用这样的一种方式对自己的情绪进行发泄，甚至还有一些人是在对孩子进行虐待。

第三，如果在面对这种偏离了社会常规的行为之时，采取的是殴打的方式，那么再使用科学的方法进行调整的可能性就变得微乎其微。如果这种殴打的程度很轻，那么在这样一种轻微的刺激之下，条件化的消极反应是不可能建立起来的；如果殴打的程度太重，那么在这样一种强烈的刺激之下，孩子的整个内脏系统都会受到非常严重的影响；如果不是每一次偏离社会常规的行为都会受到惩罚，那么就连建立消极反应的科学条件都是缺乏的；如果每一次偏离社会常规的行为都会受到惩罚，并且没有偏离社会常规的行为也会因为之前所犯的错误被惩罚，那么最终所能得到的结果就只有一个，那就是孩子被打形成了习惯，导致孩子出现心理问题，成为我们所说的“受虐狂”。这是个体在面对一些不愉快的刺激之时做出的一种病态的积极反应。

那么，消极反应究竟应该如何去建立呢？如果在孩子吮吸手指时，在孩子打开煤气开关时，在孩子打开自来水龙头没关上时，在孩子啃自己指甲时，当孩子总是去拔自己头发时，父亲或者母亲用细小的木棍或者是筷子、笔之类的物品对孩子的手指头进行敲击，当然这一过程是用一种完全客观的方式来进行的，那么最终得到的结果就会像我们曾经做过的、能够引起消极或者退缩的电击实验一样。对于那些年龄比较大的孩子，大多数人会放弃殴打的行为，使用言语的“不”来代替，当然，这种方式是必要的。要注意的是，在建立消极反应时，一定要注意不能引起个体强烈的情绪反应，要建立在个体心智健全的情况之下，这样才会出现积极的效果。我希望我们可以重新安排环境，从而使得人们必须建立的消极反应逐渐减少。我想我的这个愿望能够在将来的某一天得以实现。

此外，还有一个不太好的特征存在于建立消极反应的系统之中，那就是父母变成了惩罚制度的一部分。在这样的情况下，孩子会对那个经常对他进行殴打的人产生一种“憎恨”的情绪。

如果电线被安置在我们的桌子上，每当孩子想要将易碎的花瓶取走时都会受到电击，而他拿玩具或者零食时则不会有任何惩罚，那么应该能够很好地建立起消极反应。

5. 目前对犯罪的惩罚方式是欧洲中世纪的遗风

在成年人的犯罪领域，惩罚这一方式显然是十分适用的。在我看来，会犯罪的个体分为两种：一种是病人或者是心理变态的人；一种是从社会角度上来看从来都没有受到过教养的人。所以，能够让社会感兴趣的，也无非就是两件事：

（1）让那些病人或者是心理变态的人的健康尽快得到恢复。如果这一点实在是无法做到，那么为了保护他们不受到伤害，同时也不对其他人造成伤害，就需要将他们带到各方面都良好的精神病院之中接受管理。也就是说，这一类人今后的命运并不是掌握在他们自己的手中，而是掌握在专业的医务人员的手里。至于醚麻剂对那些已经没有任何治愈希望的病人的使用，我想是有必要的。

（2）让社会上那些不属于精神病人或者心理变态的、从来都没有受到过教养的人，都能够接受培养。无论他们年纪如何、职业如何，都让他们去学校里学习，让他们可以学到文化、接受文化，从而使他们社会化。不过在使他们社会化的这一过程之中，应当为他们提供一个专门的地方，使他们不会伤害其他成员。为了能使他们重新进入到这个社会之中，社会化的教育是必不可少的，虽然这个过程所花费的时间很长，有可能是10年，也有可能是15年，或者是更长。可是如果他们对于这样的训练并不接受的话，就只能每天为了吃饱饭而拼命在农场或者是一些制造业岗位上劳动。空气、阳光还有食物等是所有人的必需品，这是一件理所当然的事情。除此之外，一个人即使每天工作12个小时也不会对其他人造成什么危害，当然，那些需要更多训练的人是需要通过行为主义者进行训练的。

不过在这样的观点之下，刑法就失去了其应有的作用，因为它将刑律与判例、甚至是对罪犯进行审判的法庭都废除了。而对于这种观点，赞同的人有很多，其中不乏一些很有名望的法官。但是事实上，惩罚理论给科学理论让步的情况，只有在自然界发生巨大变化致使所有法律书籍全部被毁时才可能出现，而且这里面还有一个前提条件，那就是律师和法官都需要成为行为主义者。而且只有对建立条件性情绪反应或者是消除条件性情绪反应有所了解的情况之下，才能建立起一种科学的理论。

6. 树立消极反应与预防自杀

很多消极反应都会使我陷入深深的思考之中。而我经常会想，为什么一些可以被称作是“社会价值”或者“动机”的言语刺激没有提供给我们。这些言语刺激能发挥很大的作用，比如帮助那些曾经受到过教育的人，或者使那些精通人情世故的人在面对困难时可以打起精神渡过难关，等等。

为什么一个人应该努力生存下去，即使他面对无数的悲伤与痛苦，即使他孤身一人面对寒冷、饥饿，即使他被虐待、被遗弃、被误解？仅仅是依据三种需要，住宿、食物和性？对于这个问题是没有办法回答的。因为在这样的情境之中，我们在对问题进行合理说明时，无论这些积极反应有多少，也不管它们都是一些什么样的反应，都没有办法以积极反应为理由。我们想要使用积极的步骤在正常的条件和情况之下使自己的生存结束是不可能的，因为有无条件消极反应与条件消极反应的存在，而这也是我们将会继续生存下去的原因。

或许我们会伤感地沉浸于那些我们喜欢的语句之中，或许我们会聚集在一起谈论许多事情，比如生活，比如爱情，比如兴趣，我们能够对自己进行一种最完美的伪装，就像我曾经说过的那样。可是，我们都知道，自杀是错误的，关于这一点我们从幼儿园时期开始就不断地被老师和家长进行教育。对于利器以及毒品的条件化视觉反应我们从小就已经建立起来了，而且十分牢固。对于一切可能会对个体造成伤害，甚至是导致个体死亡的物品以及情境，我们都会产生消极反应。而这样的恐惧反应也与之前说过的那些普通的恐惧反应不同，这种恐惧反应是养成的。有太多的条件反应是围绕死亡这一行为建立起来的，所以当人们听到“死亡”这个词或者是看到这个词时便会陷入一种消极状态。因此，我们可以说，一个人在很正常时是不会选择自杀的，无论他身处何种境地；而假如一个人陷入一种崩溃的状态，那么他就很有可能选择自杀。个体组织生活的崩溃引起了自杀行为，我们可以说，自杀是一种病理性的症状。

但是这样的观点不是适用于所有的情况，比如日本人，他们生活在一种不同于我们的教养制度之下。所以我们可以说，产生于人类的“自我保护定律”实际上不属于情绪反应，也不属于本能反应或者是别的非习得反应。

只有很少一部分人会在出生时就产生消极反应，而且这样的情况也非常稀少。从一个人对自己进行保护的方面而言，即使这些本能消极反应很少，也不会造成太大的影响。而我们也通过社会将其他所有的反应都予以建立。可是，无条件反应还有很多，而消极条件反应也由此形成，使我们在麻烦的“海洋”中行驶时不会出现问题，从而安全到达我们想去的地方。希望之后会有更加积极的生活证明能够提供给我们。

7. 研究成人情绪行为的实验方法

人们在说谎时，呼吸和血液循环会发生变化吗？哈佛大学实验室的美斯顿和伯特，连同德国的贝努西，以及伯克利警察学院实验室的拉森，这几年里一直都在对这一非常有意思的课题进行研究。他们的实验对象是一些罪犯，他们发现，当这些罪犯试图说谎或者是正在说谎时，他们的呼吸节奏会发生变化，同时他们的血液循环也会出现变化。

对于警察和法庭而言，这项研究工作非常有用，即使通过这种方式所得出来的结果无法作为定罪的证据或者是证明无罪的证据直接出现在法庭上。但是我们都知道，通过这样的方式，我们在得到真相的道路上的速度得到了提高。

对于他们的方法，我们用一般的术语来进行描述。

你们应该都知道测量血压时候的情形：医生将一条中空的带子围在你手臂上，然后给这条带子打气并测量血压。尤其是当你想要买一项新的保险或者是在你之前的保险单上将数额进行增加时，保险公司的医生往往都会在你签下保险单之前先为你测量血压。同时，人们也制造了相关的仪器来对血压、心跳形式、心率变化等进行测量。而拉森最近几年使用的仪器，是一种能够将血液循环变化记录在黑皮纸上的仪器。

还有一种叫作呼吸描记器的仪器运用在这项工作的研究之中，显然，这台机器可以记录实验者的呼吸变化。呼吸时振幅的变化，以及呼气、吸气的时间等都能够以曲线的形式被这台仪器记录在黑皮纸上。正是因为如此，血压和呼吸的记录很有可能同时拿到。

当我们进行实验时，首先我们要先对被实验者正常情况下的呼吸和血液循环进行记录，待休息一段时间以后，我们向被实验者提出问题，这些问题无聊而又枯燥，不过却相当简单，被实验者在回答时也并不需要多说什么，回答“是”或者“否”就可以了。我们发现，血压和呼吸曲线在没有任何干扰的情况下，也就是说被实验者清醒时，没有发生什么明显的变化。

现在我们来做出一种假设，假设我在上课前将一袋价值连城的珠宝放在我的讲台上，然后开始上课。下课以后，有6个人来向我请教一些问题，他们同时围拢过来听我向他们进行讲解。6个人问完问题离去时，原本摆放在桌子上的珠宝不翼而飞了。

于是我便找来那6个人进行询问，但是他们口径一致，都说自己没有拿过那一袋珠宝。于是我决定记录每一个人的呼吸曲线以及血压情况。在这样的情况下，可能会有一半的人表示想要配合进行测试，而另一半人则持反对意见。不过这也不能证明那些不希望接受测试的人就是有罪的，希望接受测试的人就是无罪的。

我将他们挨个带进测试室内，向他们询问并且同时记录他们的呼吸和血压情况。我将接受测试的人安排在舒适的座椅上就座，再听完一段舒缓的音乐之后，测试开始了，我向他们提出了一系列的问题：（1）对于这场测试你是否反对？（2）对于演讲，你是否喜欢？（3）你是否会吸烟呢？（4）你喜欢去电影院看电影吗？（5）你是否喜欢舞蹈？（6）从讲台上将那袋珠宝拿走的是你吗？（7）你刚才有没有说谎呢？（8）你赌博吗？（9）你是不是有过不良记录？（10）你有没有被警察逮捕过？（11）那袋珠宝是你拿走的吗？这些问题他们必须回答。

当我们提出上述问题时，那个撒谎的人的呼吸会出现变化，他的血压也会升高，并且这些变化都十分明显。不过在通常情况下，与呼吸的记录相比，血压的记录更具有参考价值。据拉森说，加利福尼亚的警方在进行刑事侦查时，使用这样的方式有着非常明显的成效。“就目前而言，通过这样的方式在罪犯认罪之前对嫌疑犯进行测试，并从中找出真正犯罪的人是可行的，”拉森说，“我们在90%的案例中看到了这种测试的效果，至于剩下的10%，则是因为这样或者那样的原因导致测试无法进行，比如嫌疑犯拒绝回答问题或者是嫌疑犯失踪等。”不过，如果想要人们真正接受这些研究成果，要做的工作还有很多。

关于词语反应的著作和论述，在过去的20年里层出不穷。这些理论都以这样一个假设为基础：在通常情况下，人们在面对言语刺激时，做出的反应往往流畅而又迅速。我们来举个例子：我对你说一个词语，需要你立刻做出反应并且说出与之相关的另外一个词。在这种情况下，假如我说的是“猫”，你说的词很可能会是“老鼠”；假如我说的是“母亲”，你说的词很可能会是“孩子”；假如我说的是“猴子”，你说的词很可能会是“香蕉”。你的女朋友在你上次去巴尔的摩时拒绝了你，如果这件事我知道的话，我一定会将“巴尔的摩”这个词放进你的刺激词列表之中。当我向你说出“巴尔的摩”时，你可能会因为不知道用什么词来做出反应而出现以下的表现：（1）沉默不语，不做出任何反应；（2）拖延自己做出反应的时间；（3）在做出反应时声音很大或者是声音很小；（4）做出反应的速度十分迅速；（5）在做出反应的同时还附带一些其他的反应，比如低头、眼神飘忽、脸红等。

鉴于这种方式之中的复杂成分太多，我们在此便不再赘述。不过精神分析学倒是经常会使用这样的方法，他们称之为“无意识情节”。但是对于我们行为主义者而言，那种无意识的状态是不需要的，所以关于它在精神分析之中的使用我并不打算进行讨论。而从实际应用上来看，它已经被运用到侦察工作之中了。在侦察工作中运用这种方法是为了判定嫌疑犯是否有罪，因为对罪犯进行言语刺激时所使用的是那些与罪行有一定关联的词语，真正的罪犯一定会在面对这样的言语刺激时做出反应。这样的方法在大多数时候都是有效果的，因为罪犯相信在这种方法的测试之下，他所犯下的罪行将无法遮掩，于是就会心惊胆战，坦白认罪。

虽然这种方法很有效，却并不是在任何一个领域都能发挥作用的，对于这一点，人们渐渐也察觉到了。因为我们有对那些词语做出反应的组织，所以我们才会在面对言语刺激时有对这些词语做出反应的习惯。举个例子，我在一家家具工厂里工作，这个工厂几乎所有的工具，我都能够拿起来就使用，并且在使用每一种工具之前都不会有任何的迟疑，也不需要进行摸索；但是我却发现了一种需要进行尝试和摸索的工具——一把弯头凿子。不过即使我需要进行摸索，这些工具也都只是一些用来做木工活的工具而已。其实词语就和这些工具一样，如果你在选择一个词语进行反应时犹豫了太久，换句话说，你需要摸索着才能决定使用哪一个词语进行反应，那就只能说明对于这些刺激词，你是缺乏实践的。

对心理学家来说，这种方法就是一件非常奇妙的玩具。我们继续来讲因为放在讲桌上的珠宝丢失而被我请到房间进行询问的6个人。我让我的助手将他们6个人送出房间，同时将一张写着我的要求的卡片随即给他们6个人中的一个，卡片上的要求是让拿到卡片的人向坐在图书馆办公桌后的那个漂亮姑娘求婚。助手会告诉拿到卡片的人一定不要向我坦白，并且想尽一切办法来欺骗我。一段时间以后，我再次对他们6个人进行测试，当然，还是通过词语反应的方式，于是我在几分钟之内就将那个求婚的人从6个人之中找了出来。除此以外，我想我还能找出在剩余的5个人之中，有几个人没见过那张写了要求的卡片，又有几个人见过。

假如实验者仅仅是依据这些不可靠甚至是不确切的知识来研究刑事案件或者是精神病例的话，那么我想你们应该很明显就能看出这其中失败的概率有多大。因为对于罪犯我们还不够了解，而且也不了解他们的过往情绪，所以我们不知道哪些刺激词是关键的，在精神病学方面也是一样的道理。正因为如此，在犯罪学以及精神病学上，这种言语反应的方式的实用价值并没有那么高。

当然对情绪行为进行研究的方法还有很多，比如填写一些表格来描述你以往的生活，比如测试弱电流在不同的个体中的不同阻力，等等。

我希望你们可以从对人类情绪生活的研究中，找出行为主义者的论点；人类在环境的折磨之下建立了情绪生活，并且偶然性充斥在这一过程之中。在尚未被社会所审视时，各种各样的行为形式就已经发展起来了。我想你们都和我一样，相信这个社会能够在找到了建立情绪反应的方法以后，将其有序地建立起来。这也就要求社会对情绪反应的建立过程有一定的了解。

除此之外，对于如何消除已经建立起来的情绪反应我想你们也是感兴趣的。我相信有很多人希望将自己身上的愤怒反应、恐惧反应等消除。这是因为有了这些自然科学的方法，我们才会在对精神疾病进行处理时摒弃那些不科学的精神分析法。

那么，对我们自己的观点是不是也需要谨慎对待呢？是的，我们的实际案例现在还不够多，但是这些在之后能够进行补救。就如今的形势来看，使用行为主义的方法来进行情绪研究的人越来越多，那些陈旧的内省方法已经逐渐被人们所淘汰。

Chapter 08

嫉妒解析：嫉妒的产生、形式与结论

除去之前所讨论的习得情绪行为与非习得情绪行为，能够引起行为主义者兴趣的有两类：一是嫉妒，一是害羞。可惜的是我们至今都没有对它们进行深入的研究。在我看来，无论是嫉妒还是害羞，都属于内在的情绪行为，或者说是固有的情绪行为。

当你想要试图对嫉妒进行解释时，你会发现你还有很多问题并不了解，比如：嫉妒的表现形式是什么？什么刺激出现时嫉妒也会随之而来？如果你去询问别人，你也无法得到科学的解答，甚至有的人会告诉你嫉妒是一种本能，因为人们的行动中或多或少会夹杂一些嫉妒的影子。可是当你真正了解以后，你就会发现这些复杂的反应都是习得的，那么，在这样的行为背后是否还隐藏着别的因素呢？

1. 内在的情绪行为的最重要的形式是什么？

在行为主义者看来，忧伤、愤怒、恐惧、尊敬、善良、仁爱等情绪行为，都是非常简单的。我认为，各种简单的非习得行为正是我们所讲的这些情绪行为的基础，而我们也曾经充分讨论过这些非习得行为。

不过，嫉妒和害羞仍然需要更加深入的研究。我至今都不知道害羞第一次会出现在什么样的情况之下，对于它的发生性生长，我也一无所知。在我看来，或许害羞的出现与第一次手淫有一定的联系。手淫带来的刺激会使得一个人的血压升高，并且皮肤表面的毛细血管也会出现扩张，这就会出现脸红的现象。对于一个孩子而言，从小就会被教育不要手淫，不然就会受到惩罚，因此，无论是言语还是动作，只要涉及性器官，就可能会使孩子脸红，然后这个动作就被条件化了。不过这仅仅只是我的一种猜想，我们留到以后来进行验证。

至于嫉妒，我已经进行了一些实验。无论你找谁来对嫉妒进行解释，你得到的答案都会是模糊的，甚至是无用的。他们并不知道嫉妒会在什么样的刺激下产生，他们也不知道嫉妒会产生何种表现形式。如果你这样向他们提问：是什么样的无条件刺激引起了嫉妒反应？嫉妒的无条件反应形式是什么？我想他们能够给你的答案肯定都是不科学的，甚至还会有人告诉你那只是本能而已。

我们先来看以下图解：

S————————————————R

?　　　　　　　　　　　　　　?

刺激和反应我们都不知道，所以我们只能用“？”来表示。

但是我们都知道，个体结构这种最强有力的因素之中就包含了嫉妒。嫉妒会导致行动的出现，而在法院看来，导致行动出现的最为强烈的动机就是嫉妒。因为嫉妒，出现了抢劫与谋杀；因为嫉妒，有些人会努力或者是做别的，从而导致了事业的成功或者失败；因为嫉妒，很多婚姻出现了裂痕，导致了争吵和离异；等等。可以说，所有人的行动之中都会存在嫉妒的身影，这也是为什么有很大一部分人会认为嫉妒是一种本能的原因。

但是当你通过对人们的观察，试图确定嫉妒行为是因为什么情况而引发的，并且试图了解嫉妒行为发生时会有何种表现，你就会发现你所观察到的反应都是习得的，并且情况也无比复杂。而这样的情况，致使我们认为这种行为的背后包含着遗传因素。

2. 引起嫉妒的情境及其反应

人们在不同的情境和反应中会有不同的表现吗？我们一起来观察一下。

嫉妒的情境总是会涉及他人，所以它是社会性的，这一点我们之前已经讲过。那么你们知道它所涉及的人都有哪些吗？没错，那就是使我们产生了爱的反应的那个人或者是那些人，而这些人可能是异性，也可能是同性，比如父亲、母亲、兄弟、姐妹、妻子、丈夫，等等。在一定程度上，这种简单的观察对我们了解嫉妒有很大的帮助。从实际情况来看，这样的情境是能够被替代的。如果这样的说法正确，那么我们就应当立刻摆脱遗传的行为模式。

成年人有很多种反应，我对许多儿童与成年人的案例进行了了解。下面我们以一个成年人为例来进行说明。

埃布尔的妻子年纪比他略微小一些，长得十分漂亮，他们成婚已经两年了，并且常常一起去参加朋友的聚会。不过埃布尔是一个非常喜欢嫉妒的人，他在很多情况下都会出现嫉妒行为，比如妻子在跳舞时距离她的舞伴比较近；妻子在聚会上和其他的男性聊天；妻子与她的女性朋友出门逛街或者是吃饭；妻子对朋友发出邀请，请他们来自己家里聚会；等等。

而他在遇到这样的情况时，反应也很明显，比如妻子来找他讲话或者跳舞时，他拒绝搭理妻子；他自己身上的肌肉一直都紧绷着，并且一副咬牙切齿的模样，脸色发黑，眉头也紧紧皱着；等等。有些时候他还会愤然离去，连招呼都不和妻子打。而且每次他这样的行为出现之后，都会持续好几天。

别人问他，他也不会回答，所以即使想要调解都没有办法。在这样的情况下，即使妻子再怎么证明自己的清白，再怎么道歉，都没有办法让现状得到改善，更不用说解决了。

但是事实上埃布尔的妻子从来没有过任何不忠的行为，因为她一直都深爱着他，这一点在他没有出现嫉妒反应时也是认同的。假如埃布尔是一个没有受过教育的人，那么他的行为很可能就会很极端，他有可能会在嫉妒的情绪中将妻子毒打一顿甚至做出一些其他的过激行为。

接下来我们再以儿童的嫉妒行为为例进行说明。布拉德利第一次表现出嫉妒的行为是在他2岁时。他看到他的父亲拥抱母亲，并且亲吻她，于是表现出了十分明显的嫉妒行为。在他2岁半时，他的父亲和母亲在他面前互相调情，他就拉扯着父亲的衣服，硬挤到父亲和母亲的中间，并且嘴里还会不断地叫着“这是我的妈妈”。如果父亲和母亲还不分开，布拉德利就会出现很明显的情绪变化，看起来非常紧张。周末，布拉德利会早早去父母的卧室，并且在被父亲抱起时对父亲说：“爸爸，你怎么还不去上班？”有时候还会直接用一种命令的口吻说：“爸爸你快点去上班！”

布拉德利3岁时，父亲和母亲工作太忙，没时间照顾他和襁褓之中的弟弟，于是他们被送到了祖母家中，一名保姆照顾着兄弟二人。就这样过去了一个月，在这段时间里，因为一直都没有见到母亲，布拉德利对母亲的依恋程度明显降低了。此时，父亲和母亲在他面前互相调情也不会引起他的嫉妒行为了。如果他的父亲拥抱他的母亲，布拉德利会跑上前去抱一下他的母亲，紧接着再去抱一下他父亲。我们连续4天都在重复进行这一实验，但是得出的结论都是相同的。

原来的情境已经不能引起布拉德利的嫉妒行为了，于是我们让他的父亲和母亲假装吵架，之后父亲假装打母亲，母亲则装作被打得很痛，并且开始哭泣。布拉德利看了几分钟，终于忍不住了，他哭着冲上去，拼尽全力用小拳头打他的父亲，并且用力地拉扯父亲的腿。当父亲开始做出一个被动的姿态，母亲则开始回击父亲时，布拉德利依然没有停手。此时父亲假装被母亲打得直不起腰来，并且丧失了一切战斗力，但是布拉德利还是在击打他的父亲。这个时候的布拉德利已经彻底被干扰了，我们不得不终止了实验。

第二天，布拉德利的父亲和母亲在他的面前拥抱，布拉德利则完全没有表现出任何嫉妒的行为。

3. 对父亲或者母亲的嫉妒形式何时出现？

对于嫉妒行为的根源，我们一直以来并不明确，为了进一步了解，我们再次进行了实验。艾德里安只有11个月大，我们对他进行了测试。艾德里安是个非常健康、活泼的孩子，而且在他的身上我们也没有发现条件性恐惧反应。他一点也不依恋他的父亲，但是对于他的母亲却表现出了十分强烈的依恋。出现这种状况的原因是因为每次艾德里安吮吸手指时，父亲都会打他的手。除此之外，父亲还总是逗他，方式五花八门，让他感到很困扰。

11个月大的艾德里安爬行的速度已经相当快了，他可以爬行相当长的一段时间并且不会感到疲倦。艾德里安在看见父亲和母亲拥抱时完全无动于衷，这对于他而言，似乎就是根本不值得一提的小事。为了确认，我们对这一情景进行了反复的实验，事实证明艾德里安的嫉妒并不存在，因为在他的身上完全没发现有爬向父母并且夹在他们中间的趋向。

之后艾德里安的父母开始假装争吵并且互相攻击，打架的声音因为地板上铺了厚厚的地毯而减弱了许多，母亲的抽泣声也不大，但是艾德里安还是发现了父母这边的异动。他放下了手里的玩具开始注视着母亲，是的，他自始至终注视的都是他的母亲，他甚至一眼都没有去看他的父亲。渐渐地，他开始低声哭泣，但是他并没有表现出想要参与的意思。打架所发出的响动，父亲和母亲的表情，地板的震颤，这一切都给予了艾德里安强烈的声音刺激和视觉刺激，他开始放声大哭起来。

很显然，艾德里安的反应并非是嫉妒，而是一种恐惧反应，也就是说在他的身上并没有嫉妒反应的存在。由此可见，11个月大的孩子身上是没有嫉妒行为的，因为他的年纪还太小。

4. 当一名儿童面对他的弟弟时，嫉妒会不会发生？

在弗洛伊德主义者的眼中，当一个孩子有了一个弟弟或者是妹妹，他就会出现嫉妒行为，而这样的嫉妒行为即使年龄不到1岁也可以得到充分发展。但是，弗洛伊德主义者从未尝试通过实际的实验来证明他们自己的理论。

在研究嫉妒的起源时，我曾经有幸对布拉德利接受他弟弟的情况进行了观察。之前我向你们讲述过布拉德利对于他父亲的嫉妒行为。

在布拉德利2岁半时，他不仅对他的母亲有着强烈的依恋，而且对他的保姆也有着强烈的依恋。后来他的母亲因为生产而住进了医院，在母亲住院的两周内，布拉德利的保姆一直照顾着他。两周以后，布拉德利的母亲就要回家了，保姆要去帮忙收拾测试的房间、布置测试所需要的东西，于是就带着布拉德利回到了他的房间，让他自己在里面玩玩具。

测试的时间是中午，地点是一间布置得十分温馨的卧室。布拉德利被保姆带进来时，他的母亲正在给他的弟弟喂奶。在这间卧室里，除了布拉德利的母亲和弟弟之外，还有他的父亲和祖母，以及一个陌生的保姆。因为在进入卧室之前，保姆就告诉布拉德利要保持安静，于是他轻轻地走进房间并走到他母亲的身边。他向母亲打招呼："你好啊，妈妈。"说完便站在他母亲的膝盖边，丝毫没有表现出想要拥抱母亲或者是亲吻母亲的意思。

就这样过了大概30秒，布拉德利才注意到母亲怀抱中的婴儿，然后有些惊奇地说："小孩儿。"紧接着他伸出自己的手轻轻摸了摸婴儿的头发和脸，然后将小婴儿的手握在自己的手中，嘴里说着："那小孩儿。"他完全没有表现出一丝嫉妒，不仅如此，他还亲吻了母亲怀里的婴儿，他的表现看起来非常温和，也非常亲切。

在这个时候，对于布拉德利而言很陌生的那个保姆，熟练地将婴儿从布拉德利的母亲怀中接了过来。这显然是一个训练有素的保姆，但是布拉德利却对她的这一举动做出了反应：在他看到婴儿被保姆抱走的一瞬间，他马上对自己的母亲说："抱好孩子，妈妈。"

我们从这样一个情况中能够看出，布拉德利对于婴儿被保姆抱走这件事情的反应也是属于对自己母亲的反应，因为在他看来，这个陌生的保姆将他母亲怀中的东西拿走了，换句话说，就是母亲的行动受到了保姆的阻碍。而这样的情况，恰恰是与弗洛伊德主义的观点相悖离的。不过，布拉德利的这种反应却是积极的，因为从他的表现中我们可以看出他对婴儿非常友好，并没有因为母亲膝上的位置被弟弟霸占就对婴儿做出不利的举动。

布拉德利是跟随抱着弟弟的保姆一起走的，他一直跟到弟弟的房间，直到保姆将他睡着了的弟弟放到床上，然后他返回到母亲所在的房间。他的父亲见他回来了就问他："你喜欢吉米吗？"布拉德利回答道："喜欢。"然后他歪着头想了一会儿，又说："吉米在睡觉。"

我们能看出来，在这整个情境之中，布拉德利对自己母亲的关注很少，除了保姆抱走他弟弟时，他只是对还是小婴儿的弟弟做出了积极反应。

第二天，布拉德利的房间需要让出来给他的弟弟吉米，对此，布拉德利表现出了十分强烈的积极反应，他甚至主动帮助大人们将自己的玩具、书本等搬到自己的新房间里去。当天晚上他就在新房间里由保姆陪着他睡。

我们没有从布拉德利对新生儿的行为中发现一丁点儿不满或者是嫉妒的情况。我们对布拉德利和他弟弟的观察已经持续一年多了，但是我们从来都没发现布拉德利出现任何嫉妒的反应。直到现在，3岁多的布拉德利对待他1岁的弟弟吉米还是像当年第一次见到他时一样，既温柔又亲切，而且他平

时也非常关心弟弟，事事都照顾着弟弟。即使布拉德利的父亲和母亲还有保姆抱起1岁的吉米时，他也不会表现出丝毫的嫉妒

之前有个保姆差一点就唤起了布拉德利的嫉妒之心，当时她对布拉德利说："比起吉米，你太调皮了，我更喜欢吉米这样安静的好孩子。"之后的几天，从布拉德利的身上我们已经看出了一些嫉妒的迹象，但是这时候布拉德利的父母将这个保姆辞退了。随着保姆的离开，布拉德利身上刚刚出现的嫉妒迹象便消失了。

能够干扰孩子日常生活的依恋是不存在的，不过布拉德利会在弟弟不在自己身边时假装自己是那个1岁的孩子；可是他会在父亲或者母亲要对弟弟进行惩罚时保护弟弟，尤其在弟弟哭叫之时，他就会说："让吉米哭是不对的，他是个好孩子，你们不应该这么做。"甚至他会对自己的父亲或者母亲发起攻击，以此来阻止父亲或者母亲对于弟弟的惩罚。

5. 我们能够从嫉妒中得出什么结论?

对于嫉妒的研究实验，我们才刚刚开始，让我们先对嫉妒进行一个初步概括：嫉妒这种行为所带来的是一种情爱刺激，而这种刺激是被条件化了的，愤怒是在这种刺激之下所产生的反应，不过可能会有原始的内脏因素包含在这种愤怒的模式之内，除此之外可能还有打架、言论、拳击等等习惯模式。下面我们来看一下图解，以便更加直观地去了解：

（条件的）刺激——————————	（无条件的与条件的）反应
喜欢的事物的声音或形象受干扰或受损	身体僵硬、双拳握紧、呼吸急促、脸色发黑、打架、言语训斥等

反应的形式多种多样，但是组成刺激的因素或许会比我所记录的这些内容更加微妙。使用这些术语来对嫉妒进行阐述，我相信这种做法是完全正确的。

Chapter 09

言语和思维：行为主义的一些观点和解析

传统主观心理学认为思维是一个人的根本，因为如果失去了思维，那么人与动物之间就没有什么不同了。在行为主义者看来，思维是一种言语，言语则是一种对刺激做出反应的过程。

语言有其复杂性，但是事实上它是一种动作习惯。思维与其并无本质差别，两者都是习惯的表现形式，只不过言语是外显的，而思维是内隐的，简单来说就是，有声的思维我们称之为言语，无声的言语我们称之为思维。因此，思维并没有人们所想象的那样神秘。

孩子在进行思维时，经常会自言自语，将自己的一些想法说出来，也就是通过言语反应将自己的思维表现出来；后来孩子逐渐长大，累积了不少经验，也就不会再自言自语了。很显然，思维是由外显的语言演化而来。也就是说外显的语言与最初的思维实际上是相统一的。

1. 什么是语言？

与其他哺乳动物相比，人类在出生之时看起来更加弱小无助。但是人类能够通过学习获得动作习惯从而迅速超过其他动物，因为他们学会了如何构建与应用“手动装置”。他们开始使用木棍作为武器来狩猎；紧接着，他们在某一天忽然发现还可以将石头投掷出去击打猎物；后来他们开始使用弹弓了，这样投掷石头时的力度便得到了增加；然后他们发现尖锐的石头效果更佳，于是开始制作颇为尖锐的石器；之后，他们开始了弓箭的制作以及应用，用来捕捉那些行动起来非常敏捷的动物；再往后，如何取火、如何炼制青铜质的武器、如何炼制铁质的武器，他们都渐渐学会了；最后，他们开始使用火器。

这个世界上并非只有人类才动作灵巧，即使人的操作技术再高超也不能否认这一点。比如猴子通过训练能够使用门栓；大象通过训练可以帮助人类进行货物的装卸；黑猩猩通过训练可以灵活地骑自行车、开门或者锁门；等等。而此次我们要涉足的领域，动物是无法进入的，这是关于习得性行为的领域，是我们称为“语言习惯”的领域，在这里没有任何生物能够同人类展开竞争。

不管语言实际上有多么复杂，在最初时，它都是一种十分简单的行为，或者我们可以说它是一种动作习惯。有一个看起来很微小的器官存在于我们的咽喉之中，我们通常称之为“音盒”或者是“喉”，声带在它的边缘形成。我们在操纵和使用这些原始器官时所使用的是与之相连的肌肉，而不是我们的双手。至于声带的构造，我们可以想象一下叶笛。在吹响叶笛之时，我们将叶片按于唇间并向外吹气使空气通过，从而发出声响，声带也是同样的道理。我们通过改变声带间空隙的距离来调节我们的声音，就如同我们为小提琴调音时通过转动其弦轴相类似。声带会因为有肺部空气在排出时经过其空隙产生振动，从而有声音发出，这就是我们所说的嗓音。不过，为我们发出声音服务的肌肉有很多组，它们各司其职，比如有的改变嘴唇的形状，有的改变舌头的位置，等等。而我们的音色、音量以及音高之所以能够产生变化，则是因为我们的胸腔的形状与大小在不断地发生着改变。而这些器官在新生儿发出第一声啼哭时就开始工作了。

2. 替代物体的词语的身体组织

物体以及情境被赋予一个名字在这个世界上是一件十分重要的事情，也是一件有着深远意义的事情。当人们以适当的方式将词语组织起来以后，人类的操作行为几乎全部能够被它们唤起，这种唤起反应的功能与言词替代物的功能可以说是一致的。

当扮演一个无法讲话或者是不想讲话的角色之时，迪恩·斯威夫特往往从自己的包里将想说的物品拿出来展示给其他人。这种产生于言词和物品之间的反应，我们称之为同义反应。假如没有这种反应，我们就无法与讲着不同语言的人进行交流。举个例子，假设没有同义反应，当你的厨师来自法国，你的管家来自德国，而你是个美国人，只会说英语时，你就会感到手足无措，并且非常无助。同义反应在各个方面都体现出了它存在的意义，比如在加强团队协作能力上，在节省时间上。

如果一个人有不同的言词来作为世界上的每一个事物的替代，那么理论上来看，通过这样一种组织工具，他可以装载他四周的世界，并且能够在他独自一人时操纵这个世界。对于那些没有呈现在我们面前的事物，我们也有对其进行操作的能力，而我们的许多发现正是来源于此。那些关于“记忆”的错误，我们要时刻保持警惕，因为从前的我们常常因为疏忽大意而犯错，毕竟“记忆”汇聚在我们心中随时准备跳出，即使我们没有对它施加过任何的刺激。周围的世界被我们当作我们自己的身体组织随身携带着，这个组织藏身在我们腺体组织与肌肉组织之中，它随时都会产生作用，只要我们将适当的刺激给予它。

3. 什么是思维？

我们的组织，比如内脏组织、言语组织等，会在一个刺激频繁地重复出现之后得到不断加强，但是如果之后在很长一段时间内不再与这个刺激进行接触的话，这个组织的保留就会变得不完整。但是当我们再次与这个刺激接触时，我们就会从事原有的那些已经习惯了的事，比如从前说过的话，从前所产生的情绪或者做出的行为，等等。简单来说，就是我们第一次遇到这个刺激之时所做的事，反应是完整的，但是整个组织可能会有一部分消失，甚至是全部消失。

而我之所以谈论这些，是为了让你们了解一个背景来消除你们对于思维可能存在的误解。我想在我讲解我的思维理论前，你们或许已经查阅过一些相关的书籍。其实他们的理论也相当简单，但是有一个困难摆在你们面前，这也是唯一的困难，那就是你们以前的组织。当你们听到它时就显得十分抗拒，甚至是排斥，你们对它的反应表现得非常消极。你们认为思维是短暂而又无法触碰的精神上的东西，这是你们从理学实验室的训练中得来的，所以对于你们而言，思维只是一种独特的心理现象。但是在行为主义者看来，这样的困难和阻力之所以会出现，就是因为心理学家总是想把你们看不到的事物与一些神秘的事物联系起来。但是我们都知道，随着科学的发展，我们能观察到的事物逐渐增多，越来越多的真相浮出水面，从前那种将民间传说当成事实真相的情况也越来越少，而行为主义者的思维理论其实很简单，在我们看来，思维只是生物过程中的一个组成部分。

4. 对行为主义者的观点的一些有利证据

在与其他人进行交谈时，聋哑人用来代替言词的方式就是手势，即使是在自己思维时，他们也是这样。对于这一点我曾经搜集了大量的证据，这些外显反应的证据非常难获得，而我也从塞缪尔·格里德里·豪博士那里得到了启示。豪博士负责管理曼彻斯特与柏林学院的盲人收容所，他曾经将一种奇特的手势语言教给收容所里一个又聋又哑的盲人，并且在学院的年度报告里指出，这个盲人在做梦时，会用他的手势语言来自言自语，并且手势的速度非常快。

想要在这一点上获得大量的证据可以说极其困难。由于呼吸、循环这些过程一直都在运动，所以内部的言语活动过程就显得非常微弱。迄今为止都没有与我们所知道的生理学事实一致的先进的理论能站得住脚。不过如此一来就否定了所有建立在相反假设上的证据。当然，我们对事实真相的兴趣相对其他而言更为浓厚一些。但是，假如有事实能够反驳我们的理论，我们非常乐意抛弃它。

5. “新的情境”是怎样产生的？

新的情境是如何产生的？这个问题的答案我相信很多人都想知道，不过在回答这个问题以前，我们先来看这样一个问题：“有很多诗歌十分优美，有很多文章十分精彩，那么对于这样的新的语言创作，我们应该怎样做才能获得呢？”其实这个问题的答案很简单，那就是我们在使用语言时，巧妙地对于它们进行修饰改善，直到有一个全新的模式突然出现在我们的面前，于是我们就获得了新的言语创作。因为当我们思考时，每一次的情境都是不同的，两种相同的情境出现的情况并不存在，所以我们每一次的言语模式也都不会相同。事实上，它们的组成成分并没有发生变化，还是从前我们已经掌握的那些词汇，也是我们现在所使用的词汇，而这所谓的“新”，也不过是新在词语间的排列组合上。

或许你会问：如果那些文艺工作者们所使用的词汇我们都能够使用，那为什么对文学并不精通的我无法写出那么优美的诗歌以及那么精彩的文章呢？我想说，这是因为你并非文艺工作者，在单词的营造方面你并不擅长，你的词语使用能力也看起来非常弱。可是文艺工作者却与你不同，在词语使用方面，他们能力显然是非常出色的。文艺工作者在现实情境以及各种各样情感的影响下使用词语，就像是你在吃饭时使用刀叉一样简单。

对于操作行为，我先来举个例子。一位服装设计师需要设计一条新的礼服裙，他是否早就已经想好了裙子做好之后的样子呢？他没有，或许这其中有一部分原因是因为他不想将自己宝贵的时间浪费在勾勒这样一幅图像上。

他会先将礼服裙的草图勾勒出来，或者是让他的助手去做。关于礼服裙的组织数量在这位服装设计师开始创作之前是非常庞大的，所以他对于每一种裙子的样式都了然于胸。他将一块轻薄的纱拿起来，并将模特儿叫进来，将纱缠在她的身上。然后他开始摆弄这块纱，直到这块布料呈现出一条裙子的样子。在他停止摆弄这块布料之前，他只能一次次对他的新作品做出反应。他所完成的那件作品，以这样或者是那样的方式将他的情绪反应唤醒了。假如他对新作品不满意，他会将这块布料从模特儿的身上扯下来，重新开始；假如他对新作品感到很满意，那他就会高兴地说："非常完美。"他的模特儿微笑着打量着镜子中的自己，然后对这位设计师说道："非常感谢您，先生。"设计师的助手看到新作品之后纷纷拍手称赞道："这条裙子太漂亮了！"就这样诞生了一个新的裙子式样。如果在这时候来了一位喜欢竞争的时装商人，他看着服装设计师新设计的礼服裙说道："它如此漂亮！但是，这位设计师在3年前设计过一条礼服裙和这条很相似啊！这位设计师的才华在业界相当有名，可是他从何时开始裹足不前了？他这般守旧，以后还能赶上这个飞速发展变化的时髦世界吗？"如果商人的话被这位服装设计师听到，他一定会将他刚创作出来的作品扯下并将它踩到脚底，然后进行新一轮的操作。

我们再来举一个例子。假设一个画家想要创作一幅关于田野的画，那么最初，对于这幅画完成之后的样子，他早已经想好了吗？他并没有。他会在他的画布上画出草图，之后再完善细节部分。在画作开始创作之前，他便已经构思出各式各样主题下的田野了，阳光明媚的田野、阴雨绵绵的田野或者是春意盎然的田野、秋色怡人的田野，这些都是有可能的。等他做出选择，再思考如何去表现这种主题，然后进行尝试，直到这幅画呈现出的效果使他感到满意。此时他会微笑着放下画笔，并将他的助手和朋友叫来一同欣赏。他的助手看到他的画，赞叹道："这幅画真美。"但如果此时朋友跟他说："你不觉得你曾经画过一幅与这幅相类似的画吗？"那么这位画家一定会舍弃这幅画，重新开始进行创作。

在这两个例子中，在重新开始创作时，画家需要画出令他满意的画作，设计师需要设计出令他满意的作品，但无论是画家还是设计师，他人对他们作品的肯定与赞美对他们而言极为重要。只有自己满意以及得到他人赞美这两个条件同时出现，这一行为操作才算是真正完成，这就像迷宫中的小白鼠找到了食物一样。

像设计师和画家一样，诗人在进行诗歌创作时，采用的也是这样的方法。诗人或许刚刚读了雪莱或者济慈的诗歌；或许刚从馥郁芬芳的花园之中散步归来；又或许他的女朋友希望他能够对她的美丽与魅力不遗余力地进行赞美。等他回到了自己的家，冷冷清清的情境让他觉得百无聊赖，为了摆脱这样的状况，他就需要去做点什么，而操纵言语是他唯一能做的事情。言语活动在他同他的钢笔接触之时发生了，这与一群好斗之人被裁判的口哨声解放了是一个道理。于是，一首浪漫的诗歌就这样被创作出来了。他所处的情境，他之前从未经历过，而新奇的体验也给作品带来了新意。

不过这样一项技艺并没有多少艺术家或者艺术评论家能够掌握，只有在以日常提高为目的的终身学习之中才能够掌握这项技艺。而大部分艺术家显然不够聪明，当他们吸引到一个赞美自己的赞助人或者是群体之后就会停止自身的提高。而这些人对艺术家给予了过分肯定，甚至是初出茅庐的艺术家都被给予了过分肯定，他们说了太多的废话，但是更多的废话却是来自于艺术评论家。

我们对自己的评价是我们的内脏反应，这是我们通过反应方式保留下来的，在这一过程之中并没有使用高压手段。我们对一件事物的评价，比如一首曲子、一首诗歌、一幅画等，从情绪理论方面来看是可靠的。对于我而言，我会通过实验的方式来评价艺术作品。以一幅画为例，我会招来一群人，这群人来自各行各业，我对他们挨个进行刺激。我布置了一间房间，这间房间阳光充足，里面放了一些小的摆件、杂志，还有三四幅画，当然那幅需要人们做出评价的画也在其中。我观察他们每一个人，假如有个体表现出高兴、伤心、愤怒、恐惧等情绪反应，那么我就会记录下来，因为这些个体对这幅画产生了积极反应。

当实验结束之后，我就可以这样说："艺术评论家说你的画很失败，假如你在孩子对你的画毫无反应而女性看到你的画恐惧万分的情况下展出这幅画，那自然是失败的；但是我却发现旅行推销员在看到它时立即笑容满面，因此我建议你将它送给某家店作为装饰画。"

我之所以讲这么多，就是想说明有很多骗术存在于艺术作品的创造以及艺术作品的评价之中。有一个赞美你的团体在你的周围，是你能否成为一个真正艺术家的关键。

6. 活动是否有意义？

有很多人对行为主义的观点提出了批评，其中主要的一个点就是行为主义者对于意义没有进行恰当的解释。但是，对意义的阐述并不存在于行为主义者的前提之中，而对一种理论进行评价之时又必须以这些前提为依据，所以我可以说那些批评家是没有逻辑的吗？“意义”这个词之中并没有什么科学内涵，它来自于哲学与内省心理学，是人们从那里借来的，所以我们还是让意义回归它从前的地方吧。

假如我面前摆放了一个苹果，它的意义是一种概念，可是，若无论何时，我的心中都有一个概念，这个概念并非知觉中的而是精神上的，它的意义是另一种概念，然后以此类推。最认真的求知者对于探索知识的形容，即使是言语最具独创性的艾蒂女士，也无法构建出比意义一般情况下的解释更为合适的东西。

现在行为主义者需要解释某种意义，因为他们必须要维护自己。我们将意义当成一个故事来看，用“火”来举个例子：

（1）3岁时，我被烧伤了手臂，从此我就尽量使自己远离一切的火炉和火堆。对于这样一个完全消极的反应，我的父母通过某种无条件作用使我克服了这一点，然后就建立了新的条件作用。

（2）我渐渐地开始靠近火炉，尤其是当我从滴水成冰的野外刚回来时。

（3）我第一次独自出门打猎时，我开始尝试自己烤肉吃。

（4）我学会了如何熔化铅，还学会了把铁条烧红之后将它们敲打成我需要的物品。

于是从小到大，我可以在有火的情况之下，根据我自身所处的环境和那些导致我自身陷入此种环境之中的情况，做出100种不同的事情。当然，我在一个时间段内只能做一件事情，至于我做的事情是什么，就要根据我当时的心理状态以及我从前的组织习惯来决定了。比如说在我感到饥饿时，我会开始做饭；在我看到有建筑着火时，我会飞快跑去打电话给消防队；当我遇到森林大火并且无法脱身时，我会跳进湖泊之中；当天气寒冷时，我会把炉火烧得很旺，并且搬一张椅子坐在火炉旁边取暖。"意义只是反应方式的一种，也就是人对一个事物产生的所有的反应方式中的一种，并且不管在什么时候，他进行反应的方式只能包含在这些反应方式之内。如果你们承认这一点的话，对于意义，我想我们就无须再继续争论下去了。"

我的实例是从操作领域选择的，但是在言语领域，同样的过程也在进行着。也就是说，个体行为形式的起源以及个体组织的变化被我们了解以后，我们就可以通过安排不同的情境来引发个体不同的组织形式。而意义不过是一种方式，它的作用只是告诉个体他现在正在做什么，所以我想，我们并不需要它这样的一个术语。

所以行为主义者面对批评毫无惧色，因为他们知道他们最后可以扭转局面获得胜利。他们对于意义这个词无法给出一些解释，但是在他们的眼中，心理学是不需要这个词的。

7. 动作、语言和内脏组织的同时获得

我们之前对动作的习惯以及语言的习惯进行过学习，虽然这两者组织的方式与时间并不相同。如今我们需要将动作的习惯和语言的习惯联系在一起，以便研究动作、语言以及内脏三种组织间的关系。我曾经讲过，假如一个人对某种情境或者是某种物体发生了反应，此时参与这一反应的是他的整个躯体，也就是说，动作、言语和内脏三种组织是一起发生反应的。

这样讲可能有些难以理解，下面我举个例子对此加以说明。有两个旅行者行走在一片热带雨林中，突然，有一条毒蛇从前方道路的树上垂了下来，并且吐着信子发出“咝咝”的声音。两个旅行者吓得脸色苍白，他们不由得后退几步，嘴张得大大的，心跳呼吸都几近停止。大约过了几秒钟时间，两个旅行者才缓过神来，其中一个旅行者喊道：“蛇！”“毒蛇！”另一个旅行者接着喊道。他们对视一眼：“把它打死！”于是他们立马就行动了起来。就在他们找到工具时，蛇已经爬上了树梢。“看，它爬到树上了！啊！被叶子挡住了，还有个尾巴尖儿在外面！”其中有个旅行者喊道。

例子就讲到这里，我们继续回到行为主义的讨论上，虽然这相对于有趣的事例而言有些枯燥。但这条毒蛇对两个旅行者所产生的影响，你们是否有疑问？在这个例子中，语言、动作和内脏三种组织在同时发挥作用，对此你们是否有疑问？

现在，我们并不用过多的讨论就可以使那些曾经对发生心理学怀有兴趣的人相信，我们的喉和手以及我们的内脏都是一起学习并发生作用的。由于

受到周围环境与社会环境的影响，不管是年幼的孩子、成长阶段的孩子，还是已经可以使用语言的孩子，他们的动作习惯都需要与他们的言语和内脏习惯达成统一。除非是在特殊的情况之下，比如他们所生活的环境与世隔绝；他们的父母平日不喜欢说很多话，也就基本不会同他们讲话。生活在这样的情境之中，相对于动作习惯和内脏习惯，孩子的言语习惯就会显得十分落后。或许我们换一种更为准确的说法，在我们生活的环境之中，任意一个物体、任意一种情境，都会影响到言语、喉和动作的行为，而整个习惯系统正是由这三者所组成的。

通过打高尔夫球时动作组织、言语组织、内脏组织运动的状况，我们来对此进行说明:（1）打高尔夫球时的动作组织：手指、手、胳膊、躯干、腿、脚;（2）打高尔夫球时候的语言：有无声的语言，有绵言细语，也有外显的语言，比如，用语言说出高尔夫俱乐部的名字；用语言说出高尔夫球的射门方式；用语言表示球洞的名称；高尔夫俱乐部的专业人员对我们的反复叮嘱等等;（3）打高尔夫球时的内脏组织的曲线：每一次射门前、射门时或者是射门后，内脏组织的曲线都会发生循环的变化，其节奏也会受到胃腺的影响，而排泄器官受到影响，可能会产生加速工作或者减速工作的情况。即使你们有自己的想法，我也要告诉你们：在整个训练过程之中，全部内脏都会参与进来。

在此之前，我曾经讲过，在整个人体中的大量非横纹肌组织，也就是心脏、胃、肺、隔膜、血管、腺体、排泄器官等这些器官，都是可以成为条件化的。我想通过事实来对这一点进行说明，比如我们能从一个孩子身上看出，排泄系统已经被条件化了；习惯形成的效应我们通过呼吸、循环等反应就可以看出；口腔中的腺体以及胃中的腺体在建立习惯模型时非常快。通过这些例子我们可以看出，这些自主过程都是能够条件化的。

除此之外，这些非横纹肌组织在技能活动中也发挥着一定的作用。比如在干渴时；在消化不良时；在排泄功能受到威胁时；在汗腺所起的作用太过强烈时；在正要射门却突然打了个喷嚏时。当内在的刺激显得非常迫切时，谁可以保证自己不会受到任何影响呢？只有所有组织都协调一致，才能发生准确的技能表现。这就像我们的胳膊和大腿的横纹肌出现不稳或者颤抖情况，或者是手指因为受伤太过疼痛从而对我们的效率造成很大影响一样，它们也会同样影响效率。

就像对手和手指的训练一样，对内脏的训练也同样重要。同样的，在整个身体组织之中，语言也是一个非常重要因素。

事实上，在技能活动的实施当中，语言在整个身体组织中所起到的作用可以说更为重要一些。我们都知道，狩猎、钓鱼、高尔夫等活动是商人之间经常谈论的话题，虽然在这些活动之中，有些人的水平实在是有限，甚至因为没有很好的技能而不会去高尔夫球场打球，也不会去野外钓鱼或者狩猎。但为了使自己能够继续地留在这个业余爱好者的圈子之中，对这些业余爱好的技术要求，他们是非常愿意去谈论的。

语言是协调人们活动的最主要的方式，这也就使得语言组织迅速地占据了优势地位，并且不久之后，胳膊、腿和躯干等就受到了占据优势地位的语言组织的刺激与控制。

举个例子，我们对一个正在打高尔夫球的人进行观察，当这个人射门出现失误时，我们要问他出错的地方在哪里。假如我们懂得唇语，那么即便我们并不在他跟前并且距离他尚有一段距离，也可以大致通过他的唇形看出他所说的是什么："唉，刚刚我如果站在后面一点的位置可能就不会这样了。还有，我的姿势有点问题，我的腿不这么弯曲就好了……"当他重新准备好，并打算第二次进行射门时，他自言自语道："我需要靠后站一点。"随后我们就看见他向后退了半步。可以说，言语组织不仅可以在高尔夫俱乐部吸引他人眼球而派上用场，在打高尔夫球时，它也能够为了让整个身体组织迅速进入行动状态而发挥极其重要的作用。

因此，在行为主义者眼中，无论在哪种技能活动之中，只要言语组织出现，就能在这些技能活动中发挥出巨大的实际作用。

在处理关于“记忆”的问题时，“我们将我们的动作行为言语化”这一观点提供给我们一种新的方法，前提是我们可以接纳这一观点。“在整个习惯系统之中，记忆的确是言语部分的一种功能”，这一点我们都能够看到。如果身体的习惯被我们言语化，那么我们就能经常对它进行谈论。如果你不能对高尔夫球进行谈论的话，那么去高尔夫球场一个接一个地打球就成了证明或显示出你确实拥有这项技能的唯一方法，也就是说能证明你对它的“记忆”的唯一办法。不过，相对于使你去到高尔夫球场打球的组织实际情境而言，引发你使用言语组织来对高尔夫球技能进行谈论的情境要更难，出现的词语有很多，比如业余时间、高尔夫俱乐部、一起去的同伴、穿着打扮，等等。

而我们前面所说的“记忆”指的就是“言语部分在整体组织中的贯穿或展示”。在这种组织中，动作部分不会被唤起，个体并非是会用实际行动来证明，而仅仅只是在用语言进行描述。假如动作部分被唤起，那就不是“他现在正在对高尔夫球进行回忆”，而是“他现在正在打高尔夫球”了。

但是，假如他在高尔夫球场，并且拿起球杆进行活动，那么也就证明他的确拥有这项技能，这跟同他用语言谈论高尔夫球是一样的，这也是对于“记忆”的一个非常好的证明。

为了使拥有这些因素的身体一体化的过程看起来更加明确，我们利用图解来进行说明。首先来看的是有视觉刺激之时手的反应。我们在图解中描绘出一些身体组织单位，比如传导器、感受器、效应器，还有一些与之相关的物品。

人是运动的，并且因为环境的原因，客体按系列进行排序。我们一起来看图解。在图9-1中，S1、S2、S3、S4、S5是刺激，RK1、RK2、RK3、RK4、RK5是对针对每一个刺激所做出的反应。

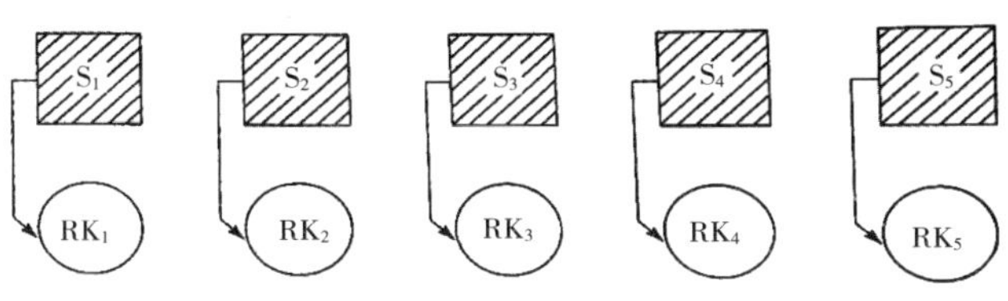

图 9-1

假如S是乐谱中的一个音符，那么视觉刺激就是S1、S2、S3等，而RK1、RK2、RK3是对视觉刺激做出的反应，也就是说当你看到了音符G（S1），那你弹奏琴键这一反应就是G（RK1）。

当弹奏了很多次这个音符以后，对唤起整个组织而言，就只有音符S1是必要的，如图9-2所示。当你看到音符时，按照被学习的次序，之前的反应RK1、RK2、RK3、RK4、RK5替换了视觉刺激S2、S3、S4等。简单来说，就是每一个反应都是下一个反应的动觉刺激。

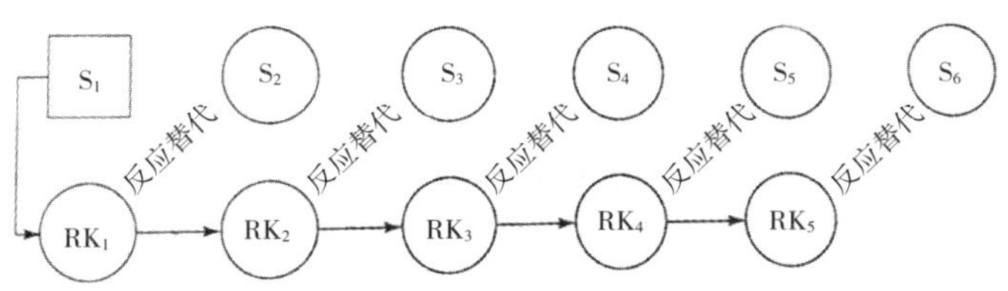

图 9-2

在这张图解之中，我们能够很清楚地看出你对一首乐曲进行弹奏时所出现的情况。当你看到乐谱上第一个音符G时，我们将乐谱拿走，你仍旧能将这首曲子继续弹奏下去。为什么？这是因为当你看到音符G时，在琴上弹奏出G（RK1），而G（RK1）就成了下一个反应G（RK2）的刺激，也就是，对第一个客体所做出的反应，成了第二个客体的替代刺激。

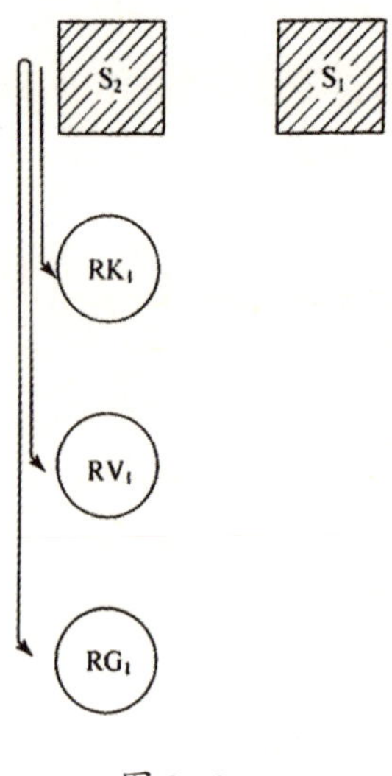

图 9-3

我们从图9-3中能够看出，当我们对S1做出反应时，我们不仅有肌肉反应RK1，还有言语反应RV1以及内脏反应RG1。

也就是说，无论是哪一种复杂的身体反应，都会有动作组织、言语组织和内脏组织的参与。当我们获得肌肉技能时，人体中最活跃、最积极训练与组织的部分是手、手指、胳膊、腿、躯干；当我们获得言语技能时，人体中最活跃、最积极训练与组织的部分是嘴、喉、胸腔；当我们获得情绪组织时，人体中最活跃、最积极训练与组织的部分是内脏。

当然，在整个身体活动中，不同的部分所起到的主要作用也是不同的，比如在建造房屋时，最主要的是动作组织；在讲课时，最主要的是言语组织；在开心或者忧伤时，最主要的是内脏组织。

8. 我们不用言语能思维吗？

我们是否可以在你们已经能够完全接受行为主义者的思维理论时大胆地做一个假设，来观察它是否能让我们的一些理论变得自相矛盾？那么，现在我们来假设我们只运用言语思维，即我们的思维是通过以言语运动的收缩来进行的。没错，就是在进行思维时，我们使用条件化的言词来替代它，比如说我们在表现思维时，通过一些并不起眼的身体反应来进行，如耸肩。

在此，我想指出曾经被我所遗漏的重要的几点，我发现，一个个体的整个身体组织会在它思维时，处于一种内隐的工作状态，即便在最后解决的方式是通过书写、讲话或者无声的言语来进行的。也就是说，当个体处在某种环境或情况之下，并根据他目前所处的环境或情况来对问题进行思考时，就唤起了最后的调节活动。其活动发生的依据也有些复杂，通常会有这样一些：（1）内隐的动作组织；（2）内隐的言语组织；（3）内隐的或外显的内脏组织。在这些依据中，最经常被作为依据的是内隐的言语组织，而且如果内隐的动作组织和内脏组织占据一定的优势，那么个体在思维时可以不使用言语。

通过不断地观察与研究，我认为在对一系列对象进行内脏、言语、动作的反应中，个体的整个身体会被同时组织起来。当个体在掌握了所有对象中最初那一个之后，身体对思维问题的操作就开始了。而这个对象，很有可能会是别人向个体提出来的一个问题，比如杰米会将自己现在的工作辞掉，成为亚兹的合伙人吗？他只能去“考虑”他的问题，假如这个世界被关闭了的话。

在组织起来的反应系统之中，动作、言语、内脏三种组织里都涉及思维。下面我用图解来对我们的思维理论进行说明。

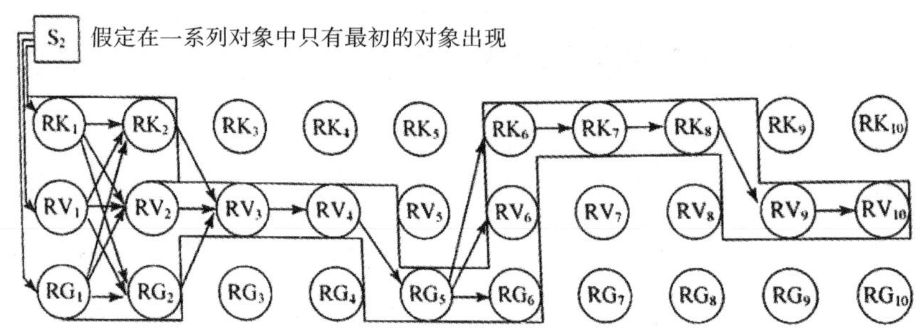

图 9—4

图解中，我们用两条连续的线条将思维过程的组织框起来了。RK2、RV2、RG2能够被RK1、RV1、RG1唤起，RK1、RV1、RG1都可以作为S2的动觉，也可以作为内脏或者喉的替代物。在最早产生组织的这些对象里，S2才是下一个真正的对象。我们在思维时，有时会同时使用言语、动作、内脏三种组织；有时所使用的组织是这三种组织中的任意一种。除此之外，我们通过图解还可以发现，在不使用言语的情况之下，思维活动能够进行很长一段时间。

假设思维活动在一个持续的时间内所呈现出的实际状态，既可以是动觉的，也可以是言语的或情绪的，并且这些都是合理的。假设在思维活动中，缺乏动觉组织或者是遇到阻碍的是动觉组织，那么最后发挥作用的就会是言语过程。假如这两者都遇到了阻碍，那么在思维活动中起主导作用的就会是情绪组织。而假设有人独立完成了整个思维活动，最后的反应又必须是言语的并且无声的，至于他最后的这个言语行为，我们可以称之为“判断”。

即便一个人的整体组织进入思维过程时，言语过程没有出现，他的动作组织与内脏的组织也都是在不断工作的。很显然，思维方式是多种多样的，并非只有言语过程。

我们在进行思维和计划时是通过整个身体来进行的。即便如此，你们也要知道，相对于动觉组织与内脏组织，言语组织出现时所占据的优势会更大一些。所以关于思维我们可以说它主要是无声的对话，同时这让我们相信，在没有言语时个体仍旧能够进行思维。

Chapter 10

人格主义：人格解析与本性的派生物

“人格”这个词，是传统心理学中普遍使用的概念，但是明确的定义却一直都没有，因为每个人对人格都有着自己的判断。对于我们而言，没有明确含义的心理学词汇通常都是直接抛弃的，但是“人格”这一词却得以保留。

在人类出生时，每一个人的资质和倾向都是平等的，但是由于后天的教育以及训练，导致了每个人形成的习惯都不同，而这些习惯正是建立人格的基础。人们想要对已经形成了的人格进行改变，是一件非常困难的事，那些早期留下的不健康的人格，人们应当尽早学会将其抛弃。

人格对于一个人而言非常重要，因为在我们的日常生活中，所有正常的个体都在进行着各种复杂活动。我们通过长时间的观察与研究，获得了许多资料，相信通过讲解能够为你们揭开心中的疑惑。

1. 所谓的人格到底是什么？

我们在对行为进行研究的过程中对个体进行了分析，对于个体在不同的情境下会做的事情也进行过探讨。现在，我需要做出一个假设，我们要在研究清楚这整部机器会对什么产生作用之前，先对轮子进行观察。假如人是一部机器，并且正要被组装，不要认为这项工作很困难，事实上它很容易。我们先将轮子、轮胎、轴承、发动机、机身等零部件组装在一起，于是得到了一辆适用于某种工作的机动车。我们都知道不同构造的车所适合的工作也不同，所以，我们在给它安排工作时也要根据它的构造来进行。如果这是一辆福特，那么可以去运送货物或者是跑集市，并且能够在极其恶劣的天气下或者是崎岖的道路上行驶。如果这是一辆劳斯莱斯，那么它就不能用来做运送货物的工作了，高昂的造价能够展示一个人的财富，所以当我们去拜访那些比我们更有地位的人时可以驾驶它。

此外，我们还可以找出很多与之相类似的情况。比如，有一个人叫作约翰·杜，头、躯体、手臂、手、腿、脚，还有神经、肌肉、腺体系统等组成了他的相关部件。约翰·杜年过半百，从未在学校进行过学习，虽然体格壮实却是一个十分笨拙愚蠢的人，甚至连一句谎话都不会说，并且反应也有些迟钝，从来都不会笑，也从不与其他人一起玩耍。所以他所做的工作都以体力劳动为主，因为这是他唯一能够胜任的。比如街道的清洁工、林场的伐木工人或者工地上的建筑工人等。

还有一个人，他叫作威廉·威尔金斯，他虽然有着与约翰·杜相同的身体部件，但不同的是他长相英俊，并且受到过良好的教育，曾经出去游历过一段时间，同时他行事老练又富有处事经验，周旋于上层社会时游刃有余。有很多工作都非常适合他，比如政治家、外交家，或者是地产商。但是，他有一个很严重的缺点就是喜欢说谎，他的这个毛病出现在他的幼年时期，并且很快就变成了一种习惯。正是因为如此，其他人对他并不怎么信任，而且他还是一个非常自私的人，他往往会在工作时间偷懒去打高尔夫球，任何涉及利益的情况下都想着去占些便宜。所以尽管他是一个比较有能力的人，可是依然没有被赋予比其他人更高的职位。

我们能够很明显地看出这两部“机器”之中不一样的地方，那它们之间的巨大差异到底从何而来呢？而说到人类，只要一个人身体足够健康，我们就可以说从出生开始他就与其他所有的人是平等的。在著名的《独立宣言》中，我们也可以看到很多类似于这样的话。事实上，比起人们的观点，他们的观点更贴近于现实，尽管从心理学的角度上来看，起草这份文件的人非常无知。我认为，假如他们在“平等”这一词之后，能够加上“与生俱来”这个词的话，才是一个更为准确的说辞。一个人的变化是他出生之后开始的，不同的人会遭遇不同的情境、遇到不同的事情，而他们的人生也因此发生转变，走上了不同的人生道路。于是有的人成为人人尊敬的学者，有的人成为腰缠万贯的商人，有的人成为足智多谋的政治家，有的人成为出卖劳力的工人，还有的人成为人人喊打的窃贼。

我们在对个体的人格进行研究时，假如想更加准确地判断出他是否适合去从事某项工作，那必将经历漫长的观察，而不是在一朝一夕之内就可以完成的。无论是这个个体所进行的各种复杂活动还是他日常生活中的点点滴滴，我们都需要认真观察。我们只有通过长期的观察，才能观察到个体在承受巨大压力之时的表现以及他所能承受的程度，才能观察到他在面对诱惑之时表现出来的抵抗能力。换一种说法，就是如果我们在描述一个个体的人格时想要更加准确的话，我们就需要对个体进行面对面的测试，只有这样，才能够准确地判断出他究竟是哪一种类型的“机器”。

那么，我们为什么要对个体的发展历程进行检验呢？我们这么做的目的又是什么呢？面对这样的疑问，我想再次提出一些问题：约翰·杜的优势有哪些呢？他在工作时有哪些习惯？面对同事时，他有着什么样的言谈举止呢？他是否是一个能够让人信赖的人呢？成长过程中，他有没有养成不礼貌的习惯？他对现在的生活感到满足和快乐吗？他是一个表里如一、真正讲道义的人吗？他的生活过得比较简朴，那么他会一直将这种简朴的作风保持下去吗？

事实上，对于他的道德问题，对于他是哪一种类型的人，行为主义者并不感兴趣，也并不关心。但是行为主义者作为一名科学家，就必须对客体进行观察研究，不管这样的分析是不是社会所要求的。行为主义者是有着科学思想的人，想要回答的问题也有很多，而不是仅仅局限于我们被抚养这一问题。比如对于那些有关约翰·杜的问题，行为主义者就很乐意进行解答。行为主义者要做的工作有很多，比如对一个人将来的能力进行预测，对一个人适合的职业进行证明，而这些都是为了收集足够的资料以便社会在需要时可以随时取用。行为主义者为科学工作，这实际上也只是其中的一小部分。

2. 究竟什么是人格？

说起“人格”运用，就需要先对这个术语的意思进行一定的了解，我想我们可以先通过个体出生之后的活动流来进行。我们都知道，一个人在出生后的不同阶段，他的行为都具有非习得的性质，当然，在他出生之后很短的时间内，就会有很大一部分的非习得活动开始变得条件化，而且这其中的每一个非习得的单元，都会被广泛地系统化。假设我们绘制了一张图表，而我们为了将那些发生的事情一一指明，就在这个图表之中勾勒出一些线条。

如果我们想要将一个人从出生到24岁这段时期内的每一个组织都表明出来，那么就需要绘制一个更加复杂的活动流的图表，以便我们能够通过这张图观察一个人能做的每件事的习惯曲线和对每件事情的编目。然后通过这些我们就会发现。这个人的很多独立的活动都是围绕着一些相同的事情发展的，比如家庭、网球、制鞋等。现在我们就通过制鞋来看看习惯系统。

要制作一双皮鞋，首先要准备皮料。在过去想要制鞋就要先饲养牲畜，等它们长成人们所需要的样子以后进行宰杀，之后将得到的皮子送去制革场。在制革厂中有一个磨坊，磨坊的地上有一个大缸，里面注满了水，橡树皮会产生能够让兽皮软化的鞣酸，所以人们将磨碎的橡树皮和兽皮一起放进缸里进行鞣制。一段时间之后，将兽皮自缸内捞出并对兽皮进行清洗、晾晒和处理。当这一阶段结束之后，人们还要将皮革切开，并且将其定型，之后才开始进行皮鞋的制作，当然鞋底也是必须要进行缝制的。由此我们能够看出制作一双鞋子所需要的操作过程究竟有多少，不过我们却无须去细数每一个操作过程。我认识一个皮鞋匠，他生活在我祖父所居住的那个地方，他已经从事这项工作几十年了，制作皮鞋的手艺相当好，制鞋的所有操作他都掌握得非常娴熟，可以说任何一个细节都了如指掌。对于这些与制作皮鞋有关的活动，我称之为“制鞋习惯系统”。不过，这个行业也一直都在不断进步和发展，所以他们制作皮鞋的活动会随着时间的变化而产生一些变化。假如我将1000个区域从图标上标注出来，就能将制鞋习惯系统分割成一个又一个独立的活动，这对制鞋的组织进行描述之时也会相当的便捷。对每一个习惯形成的时间还有从那个时间开始一直到现在的这段时间内所发生事情，我们应当进行标注，因为只有这样才能让我们的图表变得更加完善，我们对一个人制鞋习惯的情况才能够更加了解，而所有的这些都会在我们对一个人在未来的制鞋活动进行预测时，给我们提供很大的帮助。

在了解完这样一个相对简单的习惯系统以后，我们再来看另外一个相对较为复杂的习惯系统。我们经常会在人们对一个人的人格进行谈论时听到这样一句话：“这个教徒非常虔诚。”那么，你们从这句话中可以看出什么呢？很显然，这就是说那个人每个周末都会准时出现在教堂里进行祷告，诵读圣经是他每天做的功课。他希望他的家人也像他一样，能同他一起去教堂，而且他还试图将邻居变成像自己一样有宗教信仰的人。不仅如此，每一次的宗教活动，他都会积极参加。对于这个人的这些独立活动，我们对它们做一个汇总，我们可以称之为“宗教习惯系统”。于是，当我们想要对一个人的过去进行了解时，就可以通过组成系统的每一个独立活动来对这个人的成长进行回顾，也就是说回顾从出生到24岁这段时间内的整个历程。

我们先来举个例子，他在2岁半时知道了小孩的祈祷文，然后每次睡觉前，他都会说：“我现在去睡觉了。”等到他6岁时，这个习惯消失了，但是他知道了主祷文。在此之后，假如他能接受主教信仰的话，他就可以对印刷版的祈祷文进行阅读。等到他18岁时，他参与到演讲组织之中，并且常常在公众面前进行演讲。最早接触到圣经当中的图片是在他4岁时，圣经中的故事也是从那个时候开始听的。后来他到周日都会去主日学校，并且将圣经中的一些细节仔细地记录下来。就这样过了没有多久，圣经就已经被他牢牢记住了。因为自身的兴趣，他想要探索组成这个宗教的每一部分，无论是它的起源，还是它的历史，即使这是一项复杂而又烦琐的任务。

到现在，我们所谈论的系统仅仅只有两个，显然在这个人24岁的横截面上，这样的系统还有很多，比如算术的习惯系统、双亲的习惯系统、特殊害怕的习惯系统、饮食的习惯系统、一般信息的习惯系统、爱的习惯系统、消遣的习惯系统，等等。对于这些系统的分类，我们从总体着手进行，不过在这一过程中可能会有很多微小的系统被我们忽略掉，我们对此暂且不予讨论，因为我们现在的主要任务是通过这些分类来提供一个概念给各类我们试图去介绍的事实。

我们都知道个体之中占据支配地位的习惯构成了他的人格。假设在这个人的整个系统之中占据支配地位的职业性习惯系统是制鞋习惯系统，在这个习惯系统之中，包含着很多各自独立的习惯，它们形成于不同的年龄阶段。其他习惯系统的发展路线也与职业习惯系统相似，比如个人的习惯系统、爱国的习惯系统、思想习惯系统等，它们都是随着个体的成长逐渐完成的，从个体出生，经过幼年期、青年期，一步一步发展。

那么，究竟什么是人格呢？对此，我的定义是：对能够获取可靠信息的常识行为，进行实际观察而发现的活动的总和。也就是说，我们习惯系统的最终产物就是人格。除此之外，制作与标注绘制活动流的横截面是我们对人格进行研究必经的一个过程。不过，不同活动中的不同领域都存在占据支配性地位的系统：手工领域，比如一些职业从事手工制作的人；喉部领域，比如演说家、歌唱家、擅长讲故事的人等；内脏领域，比如羞愧、害怕、愤怒等这些情绪化的东西。对于这些支配性的系统，我们很容易就能观察到，我们之所以能够对个体的人格进行迅速的判读，就是以它们为基础，也正是由于这些少量的支配性系统，我们才能够顺利且合理地对人格进行分类。

人格一词的情感性所附带的内容可能与人格还原成的能够被我们观察到或者是看到的事物并不一致，假如我仅仅只是对人们的性格进行刻画，而没有对人格进行定义，比如，“他有一种尖酸刻薄的人格”“他有一种惹人讨厌的人格”“她有一种使人如沐春风的人格”“他有一种命令别人的人格”，等等。如果情况是这样的话，那么对于你目前的组织而言，“人格”这个词是更加适合的。可是，当你回归现实生活，“命令别人的人格”的意思又应该怎么样去理解呢？“他总是喜欢在说话时表现出一种命令的态度”或者是“他总是喜欢用一种命令的方式说话”，我想这样才是我们平时进行解释时所说的吧。

除此之外，使用图表来对一个人的人格进行判断所得出的结果并不是完全准确的。而且对其他人的人格进行判断时，很难做到不带偏见、完全客观，除非能够从偏见之中摆脱出来，并对自己过去的习惯系统对自身所产生的影响进行准确的思考。说起来似乎很容易，但是实际操作时却非常困难，因为我们都没有这样的自由，过去的自己往往支配着现在的我们，而我们自己的人格也影响了我们对于他人人格的判断，例如我们刚刚谈的“支配”人格。举个例子，父亲在抚养孩子的系统之中往往会表现出能量强大的样子，他体格健壮，仿佛一旦不听他的话就会受到他的惩罚。所以，一旦房间里走进来一个拥有这些性格特征的人，你就很容易被其威慑。当然，这些在我们看来并没有什么，但是你的行为会在这样一个“父亲”的能力之下变得像一个孩子，这一点是我们不得不承认的事实。所以，将你人格的真实原型展现出来并且准确判断出你的人格在我看来并不困难。

我想，通过这样的方式来介绍人格，你们就能渐渐知道我们是如何被我们自身所处的情境支配的，同时也会知道我们是如何将这些强劲有力的习惯系统中的某一系统释放出来的。比如在麦田里劳作的人们在听到了教堂中传来的天使般的铃声时停止了工作，很显然铃声使得他们暂时被自己的宗教习惯系统所支配，从而使他们的动作系统受到了干扰。简而言之，情境制约给我们提出了要求。

此外，系统与系统之间很难在发展这样一些习惯系统时不发生冲突，这就导致了一种刺激的形成，而这种刺激会使两种对立类型的活动发生在同一腺体与肌肉之中，才能够引起不活动、颤抖等。当然，这种活动有些时候是整体的，有些时候是部分的。不过，很显然这种冲突是长久的，我们从一个患有精神病的病人身上能够看出这一点。

对于一个完整的个体而言，他的整个身体会在某一习惯系统中占支配性地位的系统被情境所要求时启动。为了获得习惯系统，身体中那些不会在此次活动中使用的横肌纹与非横纹肌，都会在活动启动之前产生张力，于是更好地释放了身体中所有的腺体、横纹肌与非横纹肌。当然，在这项活动中起到作用最大的是被情境所要求的那一种习惯系统。于是，整个个体想要表现出来的东西变得更加鲜明，从而使得他整个的人格因为这种活动能够明显地被其他人“注意”到。

在这里，我想先对行为主义心理学需要的“注意”这一术语和习惯系统的支配性之间的关系进行一下解释。“与任何一种习惯系统的完全支配性同义的一种词语、动作或者内脏习惯系统”，就是我们所说的“注意”。此外，我们还需要提到注意的分散，它所表示的是个体所处的情境，先引发了一种系统，接着引发了另外一种系统，而某种习惯系统的支配性并没有立即被所处的情境所引发。这就是说，如果个体正在做的事情不仅仅处在一种刺激的支配之下，还有一部分被另一种刺激支配着，而这种刺激还会将另一种习惯系统部分地释放出来，这就使得某些肌肉群在被使用时出现了冲突，从而使个体出现身体笨拙、语言不流畅，或者是无法为肌肉群提供充足的能量等情况。在日常生活中，这样的例子很常见：你的同学在你跳高时站在一旁对你大肆嘲笑；有人在你握紧高尔夫球杆蓄势待发之时同你说话；浴缸里的水在你陷入沉思之时开始向外溢出；等等。在这样的情况下，个体的活动常常会被打断，有些时候甚至会导致个体的活动前功尽弃。类似这样想要同时被两种或两种以上的习惯系统支配的事例不胜枚举，正因如此，在行为主义者看来，心理学之中已经不再需要“注意”这个词了。因为它认为我们应该将神秘的事物放置在心理学之外，但是我们却更想保住这些神秘的事物，以便当我们陷入某种困境之中时可以使用它们，比如我们生病时，比如急于摆脱神秘时。所以在我们看来，如果在这里每一件事都显得无能，那么一定会有一些事物存在于其他的某些地方。

3. 研究人格的不同方法

一个人的人格在其年轻时变化得十分明显。假如在个体某个年龄阶段的完整组织上，一个人的人格只是它的一个截面，那么你会发现，在这个截面上每天都会出现一些微小的变化。不过这并不意味着我们很容易就能拿到一个完整的图景，因为这些变化的速度还不够快。一个人的人格在他年轻时变化得最为迅速，因为这个年龄阶段正是习惯模式的形成、成熟与变化的时期。我们以一个女性的变化过程为例，当她的年龄到了15–18岁之间时，她就经历了生理期的转变。15岁时她还是同龄男女的玩伴，但是18岁时她就已经成了许多男性追求的对象了。等到30岁时，她的人格变化就开始变得十分缓慢了。根据对人格的调查研究，我们发现我们所收集的对习惯进行研究的资料向我们呈现了这样一个事实：这个年龄阶段的人大部分都在过着一种普通而又悠闲的生活，并且十分安于现状，他们的习惯模式也开始变得固定起来。在这样的情况之下，除非个体到了一个新的环境之中，并且开始受到新的刺激，不然这样的习惯模式以及生活状态很难被改变。如果我们从这些30岁的普通人之中找出一个，并对他之后的人格进行一个描绘，我们就会发现，之后的时间里他人格的变化并不明显。举个例子，一个30岁的妇女开始像大多数同龄人一样，变得喜欢说三道四并且常常幸灾乐祸，嗓门也比从前大了很多，经常与邻居发生一些小冲突，相处不算融洽。等她到了40岁时，她还是这个样子，甚至到50岁、60岁，这些人格也依然没有发生什么变化，始终伴随着她。

其实有些时候，人们即使不从事人格研究这项工作，也能够判断其他人的人格。在如今这个飞速发展的社会中，我们在日常生活中常常需要快速判断一个人的人格，不过由于自身的喜好或者是偏见，我们的判断往往不够客观，而这种主观臆断很容易给身边的人造成伤害。有些时候，我们会因为自己一眼就判断出是否喜欢一个人而沾沾自喜。要知道，能够迅速地对一个人的人格进行判断是我们引以为傲的事情，我们做出的判断也不会再进行更改。但是，以表面观察为基础对人格做出的判断实际上并不准确，这样的结论也并不真实。想要真正对一个人的人格进行观察，就要将自己放到一个客观的位置上，这样得出的结论才是真实准确的。

只有能客观地观察，才可以正确地评价一个人。我们应该怎样做才能对这样一个信息进行获取呢？我想我可以提供几种方法来使你们的探索更好地进行下去：（1）对个体的教育图表进行研究；（2）对个体的成就图表进行研究；（3）对个体在业余时间的娱乐活动进行研究；（4）对个体在日常生活中的情感特点进行研究；（5）合理运用心理学测试对个体进行研究。在这个领域中的某些人常常会说有一条捷径，其实这是谎言，对个体行为以及他们心理构成的研究从来都没有捷径，他们所谓的“捷径”，是无法让我们得出满意结果的。而行为主义者在研究人格时，主要依靠的是观察与实践的方式，当然，在人格的研究上，行为主义者也没有一个明确的体系。

下面我们对前面所提到的方法一一进行探讨：

（1）对个体的教育图表进行研究。通过对个人教育经历图表的绘制，我们能够得到一份比较周全的关于人格的资料。小学他读完了吗？为什么他会在15岁时就选择了退学？是因为家里经济条件不允许还是因为他想出去冒险？高中他读完了吗？他会继续进行他的学业吗？如今，完成大学的学业就如同一场赛跑，想要完成就只能一直向前并且坚持到底。对于这个人是否足够聪慧我们不去过问，但是如果他能够一直坚持下去的话，那就说明他有着良好的学习和工作习惯。而一个良好的工作习惯对人们而言是一份宝贵的财富。

我们对这个人的图表进行观察，发现从大学开始，他的图表曲线就开始下降了。我们都知道，人们在大学里会学到很多，自身也会不断成长。在大学，人们学会了与其他人友好相处，学会了为人处世的手段，学会了如何让自己变得风度翩翩，同时也改变了自己从家里带出来的一些习惯，可以说大学除了是一个能够追求学问的地方，也是一个教会人们如何合理利用闲暇时间的地方，同时，它还是一个教会人们尊重思想并且如何去思考的地方。如果在日常生活之中能够贯彻在大学里获得的身体习惯以及言语习惯，那么这就说明人们给予了这个地方足够的尊重，这就是一个成功之地。

我花费了四年的时间才从大学毕业，我在这里学到了很多知识，拉丁语和希腊语就是在这里学习的。但是时至今日，有很多字母我已经不会读也不会写了，幸好我的衣食住行并不需要依靠它们，不然我就会陷入困境之中。大学不可能保证自己没有任何缺点。而经过了大学教育的人比起没有受到过大学教育的人来说会更受欢迎，在今后所遭遇的挫折也会少很多，并且他们在事业上往往更容易获得成功。不过凡事都有例外，那些没有接受过大学教育的人也依然可以出类拔萃，所以即使没有这样的教育经历，也并不意味着他们就没有成功的资质。

（2）对个体的成就图表进行研究。个体每年的成就史是我们对一个人的人格、特点和能力进行判断的重要依据。个体工资的增长率以及他在不同的工作岗位上任职的时长就是我们这张成就表需要绘制的内容，而我们也可以通过这张图表来对个体的人格进行客观的衡量。举个例子，一个男子每次更换工作时，他的工资都没有得到明显提高，而他从开始工作到30岁这段时间里已经换了20个工作了，那么他很有可能会在30–45岁之间这段时间内再换20个工作。假如我是一家公司的老板，我在雇佣员工时，就会选择一个年龄超过40岁但没有过多要求的人，而不是一个只有30岁却总想每年都能拿到5000美元的人。我们在绘制这张图表时，除非是遇到特殊情况，否则我们是没有固定的法则而且无法快速进行绘制的。不过我想说的是，从个体的进步来看，工资的增加与职位的提高是非常重要的因素。

（3）对个体在业余时间的娱乐活动进行研究。消遣娱乐的方式有很多，有些人喜欢在闲暇时间听听音乐；有些人喜欢在午后时分读书；有些人喜欢在周末进行户外运动；有些人喜欢在晚上下班以后玩游戏，有些人喜欢与家人一起出去野餐；有些人喜欢招呼朋友一起去喝酒、飙车；还有一些人喜欢工作——这种类型的人比较少，因此报纸或者杂志常常报道他们的事迹。由此我们也可以看出，每一个人在闲暇时间的娱乐消遣形式都是不同的。

而良好的室外活动则不同，它们会让我们的身体变得更加强壮、更加健康，同时也能够使人们之间的协作关系得到加强，又让人和人之间产生竞争。假如一个人对某一种或者是多种室外运动很擅长，比如网球、跑步、足球、拳击等等，那么在我们对他的个人经历进行研究时，这会是一种很好的帮助。

在对室内活动进行了仔细研究以后，我觉得如果一个人想要精通一项娱乐活动，他就一定要有足够的能力去赚钱，无论下棋、打牌，还是唱歌、跳舞，都需要有一定的经济基础。但是一个性格古怪、待人不友好的人无法与人们相处得和谐融洽，所以对于他而言，想要精通一项或者多项运动非常困难。所以，我们可以通过一个人的娱乐活动以及运动来研究他的人格，因为我们能够看出一个人的人格可以从娱乐活动和运动之中体现出来。

（4）对个体在日常生活中的情感特点进行研究。一个人完整的人格特征不会因为我们研究过相关因素就能被快速勾勒出来，无论我们研究的是他闲暇时间的娱乐活动、他的工作经历以及工作成就，还是他受教育的经历，都不可能。人都具有两面性，一个在工作习惯以及言语方面都获得了巨大成功的人，私底下却有可能是一个惹人厌烦的人，他自私自利、待人傲慢，人们与之接触就会感到厌烦，都不愿意与他有着过多的互动，所以无论是在高尔夫球场还是在宴会上，他总是不受欢迎的。我讲这么多，其实就是为了说明一点：在情感上，他是一个失败者。因为在情感方面，他没有得到良好且充足的发展。对于这样一个朋友，假如我们不向他发出来我们家里做客的邀请，也做不到自己登门拜访，那么我们还能使用的方式就是观察。我们通过长时间的耐心观察，就会发现他的朋友有多少，能保持长时间相互往来的朋友有多少。不过，无论这个人的工作是不是非常出色，假如他没有几个能够长久保持来往的朋友，并且朋友圈很小的话，那就说明他一直都是一个不太好相处的人。一个在生意或者是学术研究上取得了成功的人，在情感方面不一定就是成功的，就像人们常说的；“虽然他非常愚蠢，但是上天却对他十分眷顾。”因此我们在研究成就图表时，一定要与情感图表联系起来。

（5）合理运用心理学测试对个体进行研究。心理学测试自从雨果·闵斯特伯格的研究工作在本国展开之后就取得了巨大的成就，它是我们对人格进行研究时经常会使用的一种方法。心理学测试可为工厂节省钱财，可以在公司招募人才之时加以指导，可以在对职员进行安置时作为依据，并且这些测试还在一切心理学家的引导之下形成了很多理论。而这些理论已经吸引了许多商业组织的注意，因为有一些野心勃勃的心理学家在尚未学会走路之时就已经开始尝试跑步了，而且还有一些商业机构并没有足够的耐心，对于那些能够使商业得到特殊发展的方法，他们不可能根据心理学家的进度一直等下去。不过，这并不仅仅是因为等待的时间太过漫长，更多的是因为他们在心理学研究上不想投入太多的金钱。物理学家与化学家的研究成果是人们一直都在等待的，但是同时他们也希望心理学家参与进来，以临时宣言的方式。当然，人们也希望在解决行业问题时能够有一些新的方法。比如职员选择的问题，被选中的职员如何安排，怎样对他们进行提升，他们来了以后工作效率怎么样，最后是工人的心满意足和兴高采烈。不过不管怎么说，在我们的感觉之中，人格自始至终都是一个很有分量的因素。

在组织截面的职业绘制方面，心理学已经出现了显著的进步。各种类型的职业测试也在不断地完善，如今我们可以对一个人的算术能力进行快速测试；可以对一个人的信息范围进行测试；可以对一个人的语言能力进行测试。不仅如此，我们还能测试一个女性对60个字进行速记时能不能将时间控制在1分钟以内，写100个字时能不能将时间控制在3分钟以内，连续写字40分钟会不会出现错误，等等。对于这些测试的进步，我十分期待。

但是一定要记住，职业测试是有一些特定误差的，它所表明的是一个人在完成一些事情的这段时间里所展现的所有能力。但是我们都知道，在这个时间段内所展现出来的这些能力只是为了去完成这些事情，而不是个体自身全部的能力，个体自身“系统的工作习惯”是无法被完全展示出来的。我们来举例说明一下：一个人因为父亲生了很严重的病，家里缺钱，于是他就拼命工作；但是当他的父亲被治愈了，家庭也稳定下来了，他在工作时是否还会像以前那般拼命吗？他会不会也有了很多业余活动呢？是不是他也会养成注视钟表的习惯呢？这样的情况实际上经常在我们的身边发生。在这些人看来，早上9点总是来得太快，而下午5点却来得太晚。对于一个人在工作中的主要因素的判断，我在之前写过一篇小短文。我在文章中写道，假如想在一个人的性格特征之中找出一个最基本的，那么工作习惯就是我们最好的选择。这是因为工作习惯能体现出的有很多，比如会工作比公司规定的工作时长更长，对工作真正热爱，在工作结束之后对工作场所进行清洁整理，等等。如果个体在很早以前没有拥有这些事情，那么他们以后也不会拥有。而如何从这些看似简单的事情中总结出个体的弱点或者能力，正是如今的心理学测试所缺少的。

我们发现在对一个人的人格进行判断时，有一些事情的横截面很难完成，这些事情就是我们平时所说的道德品质，比如诚实、勇敢、狡诈等。对于这些情况，我们只能观察个体最近的生活或者对他过去的经历进行查阅，比如将观察的范围扩大到他的朋友圈并对其进行长期的行为观察，除此之外没有什么更加有效的方法。如果想要让人们能够准确地对个体情感进行判断，那么在写信时抱着一种诚实的态度是一种很好的方式。可是，诚实的信又有几个人会写呢？这也就是为什么推荐信的参考价值很低。对个体情感特征所做的判断是否真正有价值，我对这一点持怀疑态度，因为我们的观察还不能做到足够全面，有很多我们不一定能观察到。比如个体在什么情况下能够努力工作？是在压力大的情况下还是在压力小的情况下？个体与其他人相处时候的能力是怎样的？他的工作效率是在一个人时高还是一群人时高？他在哪种情况下工作更认真呢？是在被表扬了之后还是被批评了之后呢？他在工作时是不是总会马虎呢？要回答这些问题，我们必须将他限制在一定的活动范围之内，并且在某一段时间之内对他进行各个方面的观察。如果个体在工作中常常失败，但是他的身体和言语组织是很好的，那么造成这种情况的原因很可能就是内脏组织的缺乏，换句话来说，就是“良好的情绪训练的缺乏”。下面我用一些你们经常使用的词汇进行说明，这样你们理解起来会更加简单。比如我们在形容一个个体时会说他是“恼怒的”“傲慢的”“偏执的”“极具报复心的”“喜欢独自居住的”等等。当个体处于某种情境之中时，我们才能获得他的情感因素。但是这样的情境在一个星期的工作过程中往往不会太多，哪怕是一个月中也不会出现几次，所以我们对个体进行观察必然是长期的。这一点我们从那些商业机构中能够看出一些，因为他们总是会用很长的时间对员工进行准备训练。

4. 人格研究中是否有捷径?

我们在对人格的内容进行了解时，是否能够通过对被实验者的“访谈”的形式进行呢？因为在这样的一种私人访谈里，我们能够知道很多个体自身的情况。不过，这样的访谈只有一次必然是不够的，我们需要对其次数进行增加。观察者在访谈期间，能够对从被观察者身上出现的一些微小的情况中得到许多有用的信息，并且对此加以利用。要知道，被观察者的外表装扮、走路时候的步法、说话时候的语气和声音、走路和坐下时候的姿态等都是我们观察中需要注意的。通过这个人的言行举止，我们能够迅速判断出他是不是受到过良好的教育，是不是有着优秀的涵养。 假如你采访时遇到一个嘴里叼着烟却没有脱掉帽子的人，并且他还会时不时夸耀自己，那么我想你大概只想离他远远的。

很多时候，一个人的行为也可以从穿衣打扮中看出一些端倪。我们都知道，从一个人衣服的干净整洁程度就能看出他的一些个人习惯，所以当我们看到一个人的袖口和领口满是污垢，那么我们会立马认定这是一个不整洁的人，甚至会觉得这个人的举止也不够文雅。但是，仅仅依靠私人访谈，我们对于一个人的工作习惯以及他所具备的能力和坚持的原则并不能真正了解，我们也不知道他在我们面前是否真正诚实。因此想要了解个体的人格，还是要对他的生活经历进行长时间的观察与研究。

既然这样，那为什么人们还会觉得自己能够对一个人的人格进行准确的判断呢？我想这里面主要还是他们盲目的自信在作祟，他们总是认为自己可以做到这一点。他们在自己的活动圈内的标准就是人格给予他们的，因为他们没有被检查，所以他们才能在做了坏事的情况下不被人发觉。假如你的公司需要招聘一些办公室内的勤杂人员或者是其他一些类似于打字这种不需要特殊工作能力的人员，那么当你蒙住眼睛在一群应聘者之间进行挑选时，你能选到一个符合心意的人的概率就只有50%，有时候也会稍微高一些，但不会高很多。其实在任何一个办公室都会有一些只能做好自己的工作而无法胜任标准化工作的人，因为我们在招人时没有使用一个高的标准。假如办公室主任在对应聘者进行面试时，提出了许多问题并加以记录，而且他自己也具备足够敏锐的眼光的话，就会对了解应聘者的本质有一定的帮助。不过，这个帮助微乎其微，这样的人才选拔也只是稍微好过漫无目的的挑选而已，而且最重要的是，这样的方式很容易让一些心理学骗子找到其中的漏洞并加以利用。

5. 心理学骗子在研究人格中惯择的捷径

在对人格进行研究的过程中，那些由正统的心理学家所创造的理论总是被过度使用，这也是为什么会有那么多我所说的心理学骗子。有许多所谓的著名人物依然主张在交流时使用它，而这种方式早已被我们抛弃了，这些人也在心理学骗子之列。这些人所使用的是一种神秘的力量，他们还声称对此可以给出证明。不仅如此，他们还声称自己能够拿出人外胚层的存在的证明。如果说有谁对这些声称予以了最为有力的抨击，我想非霍迪尼先生莫属了。但是像是阿瑟·柯南道尔以及奥利弗·洛奇两位先生这样的人是不能被称为“骗子”的，他们被我们称为“误入歧途的热心者”。虽然他们的立场在有些时候会不经意地支持那些心理学骗子，但是他们实际上是忽视心理学而又充满善意的人。他们对于离开这个世界的如孩子一般的害怕从来都没有丧失过，即使他们在不断地老去。我想引起一个精神病患者偶然的自杀已经是他们所能造成的最大的危害了。

有一种骗子会给大学带来巨大的危害，他们为某种行业提供服务，会为一些工厂或者是机关挑选人才。他们还会提供人格解释与特征给那些已经受到雇佣的人们。我在前不久参加了一个讲座，这个讲座就是这样的人主持的。在讲座上，他罗列了好几百种观点，并且加以描绘，就是为了说明他能够对每个人的特征进行准确的判断，指出什么工作适合他。而且他还信誓旦旦地说自己在这方面的判断从来不会出错。于是在讲座结束之后，我带着一种非常谦逊的态度向他提出了一个问题，那就是假如我将6个人带到他的面前，这6个人都只有16岁，那么他在这些人之中能不能选出一半“低能”

的，一半正常的。因为在对人格进行解释和判断时，这一步骤很显然要首先进行。但是他却在听完我的问题以后显得非常愤怒，并且质疑我去那里的目的，但实际上我的问题并没有侮辱和责难他的意思。

与这件事情相类似的事我还经历过一次，不过那次是与另外的一位先生。因为有一些人声称他们能够通过看一个人的照片判断出一个人的人格，我对此种言论进行过揭露，并且暗示这种说法是错误的。于是有一位先生因此写了一篇论文对这种说法进行解释，他在论文中说，这种通过照片来判断人格的方式并不是任何一个人都能做到的。而且对于这样的研究，在那位先生的研究机构里的几个文科硕士拿出了1000美元进行资助。

我们选出了三组人，第一组的人是从“无助之家”中挑选出来的，他们在婴儿时期就沦为了乞丐，并且至今都没有对这个社会做出过什么贡献；第二组的人是从监狱中挑选出来的，当他们还是少年时就已经犯下了罪行；第三组的人是从学术界挑选出来的，他们是一些在社会上享有盛名的、博学多才的人，我们经常会在报纸上看到他们的照片。

我们给予这三组人同样的待遇，让他们洗澡、刮胡子、修剪头发，并且给他们穿上同样的礼服。但是这个实验却到此为止了，因为那些自称能够通过照片来判断人们性格的专家对这一实验强烈反对。

还有一种骗子声称自己能够通过一个人的身体特征来对一个人的人格进行判断。但是从事实上来看，虽然有些时候我们也会将一个人的某种行为或者某种成就与他的眼睛、发色、皮肤等联系起来，可是对于这种联系是否真的存在我们却没有办法去证明。然而那些人却仍然敢对外宣称他们的判断相当准确，即使他们在心理学实验中从来没有提供过任何帮助，甚至连正规并且科学的心理学训练都没有接受过的。但是一些很有威望的杂志在对广告进行筛查时，尽管会对每一条说明仔细检查，但是那些骗子的广告却能够常年刊登在这些杂志上，可以说这是一种很有趣的现象。

在心理学家看来，简单的关联很难从简单的身体特征与能力之间得出。当我们对一个人的照片进行观察或者是对一个处在静止状态的人进行观察时，我们能说的只是这个人四肢健全，看起来并不像一个傻瓜，但是我们无法更进一步进行判断。对于他是不是“低能”的人，我们无从得知。不仅如此，有时候一两个小时的私人访谈都不一定能让我们进行正确的判断，甚至还有可能让我们在最简单的事情上出错。下面我来举个例子：前不久我认识了一个人，这是一个能力很强并且曾经接受过良好教育的人。一开始我和他的交谈是在电话中进行的，我们交谈了大约20分钟，然后我们约了见面地点，进行了半个小时的会谈。一见到他我就发现他看上去似乎有一点儿压力，不过很多人都会在第一次会面时处在压力之下，所以对此我没有感到奇怪。但是就在交谈进入尾声时，他告诉我他的工作是修理缝纫机，并且他每天都能够赚到1千美元，然后拿出了一张1千美元的支票。他的这一举动让我觉得莫名其妙，对自己之前的判断也就随之做出了改变，因为就现在的情况而言，这个人的精神显然是错乱的。之后我对这个人从前的经历进行了查阅，确定了这一点。

阻碍科学方法的建立和传播是这些心理学骗子造成最大的危害，不仅如此，他们还造成了大量的经济浪费。在选择人才、安置人才和提升人才上，有些老板总是会选择一些神奇的方式，甚至是像变戏法一般的方式，好像只有用这样的方法才能做到最好一样。然而事实上，在寻找人才的道路上却是他们自己干扰了自己。有很多在工作上能力十分出众的人来到我这里，他们告诉我他们的职业受到了非常严重的干扰。听到一些性格学家的话，就认为自己应该为了那个美好的、未知的前景放弃自己现在的这份工作。因为那些性格学家告诉他们，在将来他们会从事与现在不同的工作，他们的工作领域会比现在的更为广阔。

让我来讲解几种其他类型骗子的惯用手法。有一种能快速对人格进行阅读的人，我们称之为颅相学家。他们通过触碰一个人的头来对一个人的人格进行判断，而且他们往往会在轻轻触碰了一下之后就说自己已经掌握了一切。他们说当他们触碰到你的头，你的脑中就会有一部分向他们展示出来，职业归属以及人的能力恰巧就在这一部分之中，而他可以将其绘制成一张图表，并在上面标注好你所拥有的能力。但是从事实上来看，对一个人的头进行触碰与人脑的大小以及形状没有什么关联，而触碰头盖骨所带来的也就只可能是一次轻微地对头盖骨或者是脑室的按压。除此之外我想说的是，对于脑的定位我们早已经放弃了，这点我曾经讲过。因为科学发展进步的影响，颅相学家在几十年前就已经销声匿迹了，神经病学所关注的也不再仅仅只是心理学，它早就已经变成了一门货真价实的科学。

还有一些骗子声称自己能够通过我们书写的文字就能看出我们的性格和潜力，这一类人我们称之为笔迹学家。他们认为人们书写的习惯，倾斜的笔迹，或者是潦草的笔迹都能明确地展现出人们的人格。我们都知道，从一个人的笔迹中能看出的东西有很多，比如这个人写字的速度，在写字时有没有粗心大意，写的字是不是有错误，等等。但如果说能够通过一个人的笔迹来了解他的人格，还是不要太过相信。我们会通过书写留下一些作品，关于人格的相关线索的确可以从这些作品之中找到，但是在判断人格之时通过笔迹来进行的方式也就只能当作一种业余爱好罢了。因为曾经有一些心理学家对此专门研究过，但是后来他们发现这一个人的能力与他的笔迹之间有关联的可能性实在是太小，而且也找不出什么可靠度依据来对此加以证明。甚至人们想要通过笔迹来分辨书写的人的性别都是一件非常困难的事情。之前我曾经对一大批只有姓氏没有名字的签名进行翻阅，我以为这些笔迹都是男性的，然后就为了求证便写信一一进行询问，却没想到大约有80%是出自女性之手。

6. 人格研究的小结

通过这么多的讲解，我们已经可以明确，对人格做出判断的唯一方式就是对个体进行密切的、长期的观察。有一些问题我们可以通私人访谈的方式、对个体短时间观察的方式、对个体进行职业测试的方式、对个体进行智力测试的方式来得出结论，但是那些如勤奋、整洁等一般工作习惯资料，忠诚、老实等道德习惯资料或者是如自卑、羞涩、敏感等情感习惯资料，都只有长期对身处复杂情境之中个体的工作生活等经历进行观察才能够获得。

事实证明，任何人都能够对其他人的人格资料进行收集，只要不是傻瓜，没有人做不到这一点。只不过那些从不受制于自己人格限制并且得到过良好培训的心理学观察家们的观察获得的资料，比一般人的更加准确和可靠。

那些我选取的例子都与职业相关，或许你们会对此产生疑问。但是我想说的是，这只是一种方法，在选择朋友时，在选择妻子或者是丈夫时，这样的方法同样适用。在现代，青年男女之间交往的速度太快，从而导致了一些悲剧的发生，因为在内脏刺激下的观察是不够明智的，于是婚后就会出现不可避免的人格碰撞，没有勇气的人就只能在这样的悲剧下生活，有勇气的人就会离婚。而对在婚姻下的两种人格如何共同生存这个问题进行测试的方法至今都没有找到，人们也只有在结婚之后才会发现这个问题的答案。

性顺应的失败是我从我的咨询工作的过程中发现的一个最大的问题。如果在这方面他们不够真实、不够坦率的话，那么在这样一个狭小而又封闭的范围内共同生活的两个人不可能感到幸福。而且在这里，人格的一些成分也失去了用武之地。我在两年的时间里与许多对年轻夫妇进行了多次交谈，在这些与我进行交谈的年轻夫妇里，做到真正的性顺应的仅仅只有一对，其他人都多多少少有一些行为上的困难，当然这并不是说某个人在身体上有什么毛病，我们所说的仅仅是行为上的。而矛盾的主要原因也非常明确，那就是不良的教养。而不管是哪一对夫妇，一个明智的指导都会给他们带来顺应。在这些年轻的夫妇结婚以前，这个社会就应当对他们进行指导。但是我们都知道，不管是父母，还是家庭医生都很可能会对指导产生一定的干扰，从而使得恰当的指导变得非常困难。

下面我们继续来讲人格的概念。我们在对一个人的人格得出了结论以后应该怎么做才好呢？我们在雇佣或者是解雇我们的员工之时可以用它作为依据；我们在给自己的员工升职之时可以用它作为指导；我们在选择朋友时能够用它作为参考。无论是在我们的生产关系中，在我们的朋友关系中，还是在我们的社交关系中，它都是我们的基础和依据。而它也是一个“无畏的勇士”，因为碰撞的人格之所以能够结合在一起就是因为它的存在。

可以说我们的每一个朋友、每一个伙伴，都记录在我们脑海之中的“复式簿记”里。我们使用黑色的墨水记录每一个人的资产，用红色的墨水记录每一个人的债务。只要我们与他们之间的关系还继续，那么这两页就会不断被我们填写新的内容，并且我们也会在书写的过程中对数字不断进行平衡，如果红色墨水的数字大大超过了黑色墨水的数字，那么赤字就出现了。

在我们自己的人格簿记上留下了太多的失败，我们往往会忽视了簿记中的某一项，我们常常会忽视我们的债务而仅仅只记录了资产。所以，我们才会在我们伙伴的债务页面上填写上了自己的债务。

7. 成年人人格的一些弱点

人的失败很难说是因为哪一项缺点而引起的，因为人的本性存在的缺点太多。当你对一个人进行仔细观察时，你就会发现他的弱点恰好是他最有实力那一方面。关于人格的弱点，我们先对以下几个标题进行分析：（1）由我们的劣势而引发的自卑；（2）对于恭维话，我们会有何种感受；（3）为了成为国王或王后，我们不停地努力奋斗，（4）我们为什么会在婴儿时期留下不健康的人格？

（1）由我们的劣势而引发的自卑——在我们的组织习惯系统之中，自卑为什么会被“组织”进来呢？现在，我想就这个问题进行简单的探讨。有关这个问题，其实精神分析学家早已进行过分析，不过这对我们接下来要说的内容并没有影响，因为科学术语之中发生过的事情才是我们要说的。对于我们自身的自卑反应，我想我们很大一部分人都有自己的一套方法来对其进行隐藏。我们掩盖自卑的方法有很多，比如害羞，比如沉默，比如发脾气，有时因循守旧的态度也是一种掩盖自卑的方式。而那些自私的人，为了隐藏自己的自私，会在表面上摆出一副冠冕堂皇的样子，就像是有些人总是会对自身的行为水准与道德水平进行大肆宣扬一样，然而事实上他们反而是最容易受到诱惑的人。一个可怜的人需要用这样的方式来支撑自己，因为他是这般的无助与脆弱。

为了对自卑进行隐藏，我们的组织习惯系统也发挥了巨大的作用。就比如说很多人在一方面不如意或者无法引人注意，他就会使用其他的方式来吸引别人的目光，比如有一些个子矮小的人在说话时会刻意地提高自己的声调，态度会比普通人更加傲慢，在穿着打扮上会更加出众，至于行为方面，也显得更加激进。再比如说有一些女性，她们可能在某些方面不足，但是她们依然能跟一些有实力的女性抗衡。或许她们没有美丽的脸庞，但是她们可以通过时髦的打扮对这一点进行改善；或许她们没有很好的身材，但是她们将耀眼的宝石首饰佩戴在自己身上，出门开着漂亮而又昂贵的汽车，居住在豪华而又条件极好的别墅之中。

大部分人是无法去永久面对自卑的，不过，心理分析学家却有着不同的看法。心理分析学家在自己的理论受到其他人的攻击时，或者是他们的权利受到其他人的指摘与责问时，往往会感到相当的愤怒。那么他们为什么会如此呢？为此我询问了许多朋友。他们都是心理分析学家，他们告诉我，有些时候会为了表现和炫耀自己而对于自身的优势进行大肆宣扬，这样的行为就像是婴儿为了得到奶瓶而做出许多动作一样，虽然看起来有些幼稚，却又是必需的。这样的行为可以说是“补偿”，而这种“补偿”在我们的婴儿时期就已经存在了。就比如父母说我们是聪明的，比邻家的孩子要聪明许多，因为他们爱着我们。据分析学家说，这属于一种“自我”的表达方式。早在婴儿时期，我们就已经形成了这种“自我”，这种“自我”正是一种习惯系统，并且它是有组织的。而这种情况是由于父母的自卑引起的，当有邻居或者是亲戚来到家里时，无论孩子身上有多少缺点，父母总是要从孩子身上找出一些邻居或者是亲戚家的孩子身上所不具备的优点。比如自己的孩子比较矮胖，那么他们可能会认为自己的孩子长得比较漂亮；自己的孩子长了一双很大的脚，那么他们可能会认为自己的孩子运动能力强。从父母那里，孩子从来都是只能听到自身的优点，而对于自身的缺点一概不知。于是，一个人在资源的基础上形成了一种能够对它们进行谈论的言语组织，只不过有一点需要注意，对于自身的不利条件他并不知道如何去谈论。

（2）对于恭维话，我们会有何种感受——我们的保护层中存在着一些弱点，而这些弱点我们能够从对男女人格的观察之中得出。如果存在一种武器能够将大部分人的保护层刺穿，那么这个武器一定就是恭维话。但是就目前的情况来看，恭维话显然已经变成了一门艺术，并且能够使用它的人必然是在艺术上有些造诣并且曾经接受过良好训练的人。可以说，几乎每个人都会有一组习惯系统占据着支配性地位，这个事实我曾经告诉过你们。而这个占据支配地位的习惯系统究竟是哪一方面的，每个人都不尽相同，有的是艺术习惯系统，有的是职业习惯系统，有的是道德习惯系统……假如一个人试图用恭维话来接近旁人并以此从某个方面中取得成功，那么他在这个方面一定常常受到他人的恭维。为这个支配性的组织定下基调其实是一件非常容易的事情，有时仅仅只有五分钟的私人访谈就能做到这一点。因为在访谈中我们很容易就能看出一个人的组织，不管他们是禁酒者、禁烟者还是酗酒者。一个深谙此道的人与这一类型的人进行接触时，他们不但不会排斥，反而会认为这个人是一个“令人感到轻松愉快的不同寻常之人”，并且认为自己围着他“转”是理所当然的事情。

精神分析学家往往将人们性格之中的弱点称为“回避机制”。举个例子，杰森不愿意对任何人的感情造成伤害，他为此放弃了很多，这其中不仅有财富，更有他的原则。他总是会为其他人着想，为别人的忧愁而忧愁，认为关心别人是他的责任，他甚至不敢将他的真实想法说出来，更不敢去做自己想做的事情，因为他是一个如此胆怯的人。

在戒律、忠诚以及毕生都不会改变的信念上，男女是否受到伤害这一点我持怀疑的态度。不受到任何伤害这一条如果是在以前的时代，那么我认为是非常有可能的。但是在这个时代，我们却多多少少会受到一些伤害。因为如今人们逾越一些界限已经成为习以为常的事情，不仅是习俗，就连律法都会经常有人违背，更不用说商业之中的尔虞我诈了，正直与诚实甚至都已经变成了一种社会问题。假如我们变得敏感而又固执，并且将自己的弱点紧紧捂住不让任何人靠近，那么最终的结果只能是所有人都受到伤害。当然我的意思也不是说我们会在某一天去对银行实施抢劫，或者是不怀好意地去利用身边的人，而是说我们会在某些情况之下、某些时间里做出一些事情，而这些事情就是一些所谓的违背道德的事情。比如我们经常会在生意上或者是职场里遇到的事情，当你发现你的前任能够对你有帮助时，你就会尽可能去帮助你的前任，使他得到他理应得到的利益。你会尽可能地支持他，无论是在什么场合之下，在你的眼中他不会在任何事情上出错，也不会做错任何事情。但是当你开始接近他并且分享他手中的权力之时，对于你的过失，你要做的就是仔细去听，而不是去说，尤其是不能多说。当你取代了他的位置，你就会为此感到惊奇了，因为你一直认为你自己是一个平庸的人，没想到却取代了你的前任。然后你可以想办法使自己的周遭合理化，比如以经济实力为理由，如此一来，你的资产负债表得到了加强，而且你的地位也得到了巩固，同时也可以对以前的竞争者进行防范，以防止他们卷土重来。

我对人们的本性进行揭露是想告诉你们，我们的行为在有些时候、有些情境之中可以说几乎全都是自动的。其实对于自身存在的一些缺点，我们之中有很大一部分是知道它们的存在的，只不过在这部分人里面，有的人在对这些缺点进行观察和分析，有的人则没有这样做。在人际关系的表达上，心理学家可以说是对我们最有帮助的。有一句话是这样说的："只有真正地去掉自己身上的缺点，才能看到其他人身上的缺点。"可以说在与他人相处之时，这是一种能够使人信服的重要的待人原则，我们甚至可以将它称作是康德的"宇宙观"。有一点其实有很多人都不知道，那就是"当你这样对待别人，别人才会这么对待你"。但是，在这一方面，有很多人是病态的。有些时候，你会在你想着"当你这样对待别人，别人才会这么对待你"时陷入一种困境，并且这种困境有时候非常明显。我们来举个例子，我们依然先说康德的宇宙观:“适合构成宇宙的事物有很多，有规则的运动就是其中之一。”但是很显然，这对一直都在变化着的心理世界是不适合的，每个时代都有适用于这个世界的规则，就像是恺撒时代的规则只适用于那个年代而不适用于现在一样。不过对于自身的行为方式，每个人都能看到，而且人们常常会在面对那些能够引起自身行为的刺激之时感到惊讶万分。一个人会在面对自身那些真实的东西之时被它们所压倒，那些人性之中存在的自私、嫉妒，还有遇到困难就只会逃避、害怕与别人产生竞争、不愿意直视自己的缺点、为了逃避责任而将问题归咎于别人等问题，让人几乎难以置信。而只有真正勇敢的人，才敢直接面对自身那些幼稚的行为以及不道德的规则，才敢直面自己真正的“灵魂”。

（3）为了成为国王或王后，我们不停地努力奋斗。可以说所有人都觉得自己拥有成为国王或者王后的权利，而这一权利是任何事都无法剥夺的，这是我们通过对传记文学或者是其他书籍的阅读得出来的结论，也是父母对我们进行培育的结果。在我们的一生之中，我们都在为了这个梦想而奋斗，可以说我们整个的人生经历都是为了使它能够延续下去。我们憧憬自己成为国王或者王后的那一天，到那个时候就会有专门的人来伺候我们，我们会吃着山珍海味，穿着最华美的衣服，住在文化底蕴丰厚而又豪华的宫殿里，我们能拥有这个世界一切美好的事物……其实当我们身处童年时代时，我们也享有这些，所以要使我们放弃童年时代是那样的困难，尤其是想要完全放弃它，更是一件艰难的事情，因为我们总是想要将那种能够支配父母的童年生活保留下来。

劳动者喊着“打倒资本家”，资本家喊着“打倒劳动者”，这其实都是一个道理，他们都在期盼自己成为国王，而这样的奋斗与竞争是没有人能去反对的，因为这也是组成生活的一部分。在这些“孩子”被行为主义者养大以前，这种支配性的奋斗与竞争会一直存在并延续下去。每一个人都应该成为国王或者王后，但是前提是他们要记住一件事，他们的领域是有限制的。

这个世界上有一类人最为可恶，那就是只想让自己成功，却不允许别人成功的人，这种人令人十分反感。而这样的人却比比皆是，我们的牧师团里、商业领域还有科学领域都不乏这一类人。举个例子，有个教授带着一个学生，这个学生很聪明，在学术研究方面非常有天赋，深得教授的喜爱，所以教授经常向理事会以及主席团推荐他。后来有一天，这个教授发现他的学生的观点与自己的理论产生了分歧，并且有逻辑上的错误，于是，冷淡时期就这么降临了。当别人向理事会以及主席团推荐自己学生时，也没有了这个教授的身影。后来这个教授的学生也当上了教授，这个教授却提出意见反对他的学生得到晋升。这个教授自认为这是最合理的处理方式。我们经常能够看到一个教授亲切地对待他自己的下属，他这种善良会伴随着他身处“王座”的这段日子。他培养出了许许多多优秀的年轻人，并且一向待人温和，直到有人接近了他的王座，此时毫无理智的嫉妒会将他所有的善良吞没。还有一点，我们的行为准则、教育规则等这些所谓的正统做法，事实上都是为了巩固我们的地位而建立起来的，就像是国王为了能够继续成为国王而制定了许多的规定一般。

（4）我们为什么会在婴儿时期留下不健康的人格？对于人格的弱点，我们已经将自己的注意力集中在上面了，而这些弱点也向我们呈现了这样一个事实：童年时间和青年早期时形成的习惯系统有一部分被我们保留了下来，一直到成人时期还一直存在着。而这些系统大多数都有一个标志，那就是无法用语言来进行描述，它们是缺乏言语关联与言语替代的。但是对于这些习惯系统，人们并不会去谈论，反而会对这些婴儿时期的行为竭力掩饰，企图逃避某些存在。但是，这些遗留下来的就像是孩子一般的行为会在某些情境之中表现出来，对于一个健康的人格而言，这样的遗留物可以说是最为严重的障碍。

而我们应该做的就是在我们的成长过程中，每年都抛下一些这种儿童时期的习惯，这不仅是一个人对自身的要求，也是新的环境对于一个人的要求。一个3岁的孩子有一个适合他这个年龄的人格；当他长到4岁，他3岁时候的一些人格就必须被抛弃，并且在此基础上建立一个适合4岁这个年龄阶段的人格，学会很多3岁时不会做的事情。如果是这样，那么习惯系统从3岁进步到4岁时，任何婴儿时期的遗留物都不会被保留下来。但这几乎是一件不可能的事情，因为这需要孩子父母的身上也没有婴儿时期的遗留物。

我想遗留物会带来的影响你们都比较清楚了。让我通过我的咨询经验从影响我们成年人生活的原因之中选出两三种。当一个母亲对儿子太过溺爱，那就会有极大的可能影响到儿子将来的婚姻。儿子很可能会因为母亲的反对一直不结婚，如果最终结了婚，那么也是新的家庭矛盾的开始。在这场婚姻里，儿子等于有了两个妻子：他的新娘与他的母亲。此时，儿子就必须让自己得到全新的塑造，以摆脱他从未重视过的对于母亲的条件反射。

如果对一个成年人因为婴儿时期的遗留物而做出的行为以及言语进行观察，并且将这些做成一个图表，那么他一定会感到害怕。有很多的表现形式是无法避免的，比如你的感情受到了伤害，你会被激怒，你给了别人一个温柔的吻，你会与人争吵，你会在你下属面前炫耀，你会自负且傲慢，等等。童年时期父母的溺爱导致了自负的形成，通常情况下，自负会让你显得愚昧无知，这会对你的人格造成很大的损伤。聪明人会有谦卑，这些谦卑会随着聪明才智的增长而增加，而自负与机能不全的形成往往是因为父母“能力比较低”或者是“机能不全”，但并不能说它们全部都是遗留物。家庭中的支配因素之所以会形成，正是由于父母在这些方面有着倾向性的积累，而倾向性会体现在下一代人的身上。

对于婴儿时期的遗留物，我想我无须再进行扩展。其实，成年人的人格之所以能够颇具色彩，也是在某种程度上受到了婴儿时期和青年早期的影响。

8. 什么是“病态的”人格？

当研究精神病理学时，你们会发现其中夹杂着一些旧内省心理学术语，这其中一部分原因是很多内科医生不知道行为主义。我希望能够在一个人开始使用药物与精神病理学以前就开始运用行为主义来对其进行训练，可是我至今都没有获得成功。从医学上看，假如一个人不懂行为主义，那么他就不会有办法让人变得完美；而一个内科医生如果不懂行为主义，那么他也无法让人变得完美。也就是因为这样，人们才会一直被“无意识”与“精神病”这两个概念迷惑着。

通常情况下，一个内科医生在哲学上、物理学上是无知的，所以他们工作在这些领域中时会遇到相当大的困难。在绝大多数的意识分析学家与精神病理学家看来，这种可以在做某些事情时使用的、可以将生物过程启动的、将已经存在的过程抑制或者降低的东西，正是他们所面临的真正压力。但是对于这种表述的“相互作用”，在现在这个时代是不会有心理学家去信奉的。

我们先来讲述一个物理事实：当你准备使用一种方法使你面前的台球开始运动，也就是让台球从一种静止的状态变成一种运动的状态时，此时的你有两种选择，一是使用球杆来击打母球，二是通过母球来击打其他的球。球的方向以及运动速率在它开始运动以后就无法再改变了，除非你再次使用上述方式。假如你能够让一个正在对行为进行处理的内科医生面对这个物理事实，那么关于精神病理行为的科学观点你将永远都不会获得。

而在精神病理学家之中，有很大一部分相信生理之球的运动能够因为

“意识”过程而启动，并且“意识”过程还能改变生理之球的运动方向。而内省主义者在对概念进行运用时，显然不会这么幼稚。他们认为，启动另外一种身体过程是使一种身体过程改变或者“减退”的唯一方式。对于这个观点，詹姆斯在很久以前就已经明确表示过了。假如“心灵”能够对一个人产生作用，那么物理规则将会变得毫无用处。“无论是什么样的行为方式，都被意识过程所制约着”，或者“他之所以会做这些事情，正是因为他被无意识的欲望控制着”，这是一种天真的、形而上学的观点，也是分析学家和精神病理学家提出的观点。很多困惑我们可以追溯到弗洛伊德所提出的观点上，但是，弗洛伊德的拥护者却不会承认这一点。面对批评，他们并不愿意去接受，并且他们故步自封，几乎毫无进步，所以如今的他们已经从“神坛”的顶端跌落。如果他们再继续这样下去，我甚至敢说他们将会面临与颅相学家同样的情况，到那个时候，通过行为主义原理做出分析将会大放异彩，并且会成为一种非常有价值的、被这个社会所需求的职业。我想，通过我的一系列分析，就人格的研究来看，与诊断法相比，我所概括的用来研究人格截面的方法也有着同样的价值。要知道，一种毫无价值的分析就不会有治疗的价值。无条件反射与条件反射都属于治疗的一部分，而精神病理学家所开的新处方，正是言语、新习惯、内脏、动作等等。

9. 是否存在像精神病一类的疾病？

像精神病这一类的疾病是不是存在呢？假如存在，那么它会表现出什么情况？而我们又应当拿出怎样的方法来对这一类疾病进行治疗呢？这些问题是由一些内科医生提出的，分析学家也曾围绕这些问题展开过讨论，而对这些情况，我都进行过了解。

让我来假设精神病及其相关症状和治疗是存在的，此时我在看待整个问题时就会从某一个角度出发。对于我自己的观点，现在我只能进行一个简单粗略的概括。精神疾病、精神障碍等术语我使用人格疾病、习惯冲突等来代替。器质性障碍是不会存在于人格障碍之中的，它不会对人的身体造成损伤，也不具备传染性，不过生理性的反射并不缺乏。但是，个体身上可能会存在另一种人格，而这种人格是病态的，正是这种病态人格的存在使得个体的行为出现严重的障碍，或者变成一个我们说的那种“精神错乱”的人。在个体开始做出一些危害其他人的行为之时，我们不得不将他监禁起来，这种监禁可能是暂时的，也可能是永久的。

各种各样的行为障碍存在于我们的社会结构之中，但是目前为止，仍旧没有人能够合理地对这些行为障碍进行分类。对于我这样一个门外汉而言，有些分类显得毫无意义，比如精神分裂症、偏执狂、焦虑型神经症、抑郁狂躁症等。我所知道的也不过就是阑尾炎、扁桃体发炎、胆结石、肾结石、肺结核等等。像是某一疾病的一般疗程或者是某种受伤的组织——这种有机体发生的情况，我通常情况下是知道的，内科医生说的病情我也可以理解，不过如果精神病理学家向我诉说一种“杀人狂躁症”时，我就会觉得他连自己在谈论什么都不知道。我想之所以会这样，就是因为他在看待病人时，不是从一个人整体的身体行为方式为出发点，更不是从一个人的行为方式的遗传因素为出发点，而是以“心灵”的观点为出发点。不过，最近这几年来，这一方面的进步还是非常显著的。

下面我以一只狗为例来表明“心灵”这一概念是不需要引入精神病的。之所以选择狗作为例子，这是由于我没有权利以人为例子，因为我并不是一个内科医生，当然我也希望兽医不要因此而怪罪我。假设我曾经训练过一只狗，这只狗能够选择去吃腐烂的鱼而不选择去吃香喷喷的牛排；我为了避免它走在大街上时去闻雌性的狗而使用电击的方式训练他，于是它不会再出现在距离雌性狗10英尺以内的地方；如果它想与雌性狗玩耍或者进行交配，那么我会给它一定的惩罚；我只允许它接近同性的狗，为此我还安排了一只同性恋的狗给它。

于是它见到我时不再露出可爱的样子，也不会开心地跑过来舔舐我的手指，它变得畏畏缩缩并且浑身哆嗦地呜咽着，它亮出它的牙齿并且向后倒退着试图躲起来。它变得胆小，连一些小动物都会让它恐惧，而不是像以前那样去追逐它们。睡觉时它会选择在垃圾桶里或者是依靠着墙壁，并且每天只睡2个小时。每隔半个小时它就会到处撒尿，它在地上抓刨着、咆哮着，却不会像以前一样去闻每一棵树上的味道，而且它现在绝不会在距离树2英尺以内的位置出现。它不吃含有脂肪的东西，所以变得很瘦，也很憔悴。因为我训练它对几百种事物分泌唾液，所以它总是不停地流着口水，而这一切阻碍了唾液的消化作用，从而使得消化系统受到了影响。

之后我将狗带到了精神病理学家面前，狗的身上没有任何一个器官受到损伤，各项生理反应也都正常，于是它便被精神病理学家诊断为精神病，因为它如今的精神状况已经对它身体的各项器官造成了很多不良影响，从而影响了它的身体状况。同类的狗经常会做的事情，它都不会去做；但是同类的狗不会做的事情，它却会去做。于是精神病理学家想要将这只狗送去一个专门治疗精神错乱的医院，他说："它很可能会走上一条自杀的道路，如果不对它的精神予以抑制的话。"从我训练狗的方式上来看，它其实再正常不过了。而精神病理学家其实并不了解我的狗，他之所以会得出这样的结论，就是因为他的分类体系太过荒唐。

可是当我向精神病理学家提出这一点，并且想让他来对我的观点进行了解时，他却非常抵触，并且对我说："那你自己对它进行治疗吧！"然后我针对我的狗这种行为困难的情况进行矫正。如果我的狗还年轻，那么矫正起来就会很快。我使用了许多你们已经熟悉了的方法，我利用无条件反射以及条件反射来对它进行训练。当它饥饿时，我会喂给它新鲜的肉。为了让它保持饥饿的状态，我将它养在笼子里，并且每到吃饭时，我都会打开它的笼子喂给它新鲜的肉。电击和抽打的方式在这个过程之中再也没有使用过。过了一段时间，它已经可以在听到我的脚步声时，欢快地向我跑来了。又过一段时间，狗身上旧的行为已经都消除了，新的行为已经建立了起来。它变成了一只漂亮而又有精神的狗，现在膘肥体壮，脖子上带着一个漂亮的蓝色项圈，并且与邻居家漂亮的狗成为了朋友。

或许你们有人会认为我这种假设太过夸张，因为这与那些被精神病的人并无关联。是的，这的确是有些言过其实，这一点我不会否认，但是我这里要指出的是基本原理，我们所研究的也是基本原理，我只是通过这样一个简单、朴实的例子来对我们的观点进行说明，来告诉你们所有人都是可以被条件化的。在病态的人格之下出现的那种行为的冲突、模式以及复杂性，都能够通过这样的方式建立起来。器质性病变会导致器官或者组织被损坏，而被条件化的这一过程中也可能会引起器质性病变。并且在这一过程中，心理对身体的影响这一关系的概念是不需要的。换句话来说，我们行为主义者在对

“精神病”进行处理时使用的材料与规则，与神经病学家以及生理学家使用的并没有什么区别。

10. 怎样改变人格？

内科医生的工作是对精神变态的人进行治疗，使他们的人格得以改变。在我们自身的一种习惯出现了障碍时，我们需要去找内科医生来寻求帮助，即使他们目前处理工作的能力并不是多么强。假如我的体检表明我身体的一切器官都非常正常，但是我却感到手臂麻木，拿不起刀叉，或者是我对我的孩子没有办法产生具体的反应，那我一定会立马去找我精神分析的朋友，并请他们给予我一定的帮助，使我从这一困境之中摆脱出来。

但是，想要改变人格是一件十分困难的事情，即使我们这些“正常人”决定将一切不好的遗留物抛弃掉也很难做到。一个人如果想要获得一种新的人格，遇到的问题会有很多。试想一下，你能在一夜之间学会化学吗？如果你想要成为一个出色的画家，那么一年时间你能够做到吗？只是这样就已经非常困难了，更何况你身上还有大量的旧习惯系统等着被抛弃，于是这种困难就加倍了。而这些问题，其他人并不能替你解决，也没有学校能够指导你，你只能自己去克服。在这种时候，你所遇到的每一件事，都有可能是你改变人格的一个开始，比如一场突如其来的事故，一次地震、一场洪水，等等。这些事情都会使你过去的习惯模式发生改变．它们改变你所处的环境，将你的常规打破，使你不得不在这种新的情境之下重新建立新的反应，而此时你就得到了一个重新建立人格的机会。旧的习惯系统会在这一过程之中被废弃，渐渐消失，与此同时，新的习惯系统也就形成了，而个体也渐渐地不再被旧的习惯系统所支配。

那么，如果想要改变人格，我们应该怎么做呢？我们在改变人格的过程中可以利用的东西有两种类型：一种是“非习得”的，另一种是“习得”的。这个改变人格的过程是积极的。想要重新塑造个体，可以通过改变个体所处环境的方式，而想要彻底让人格做出改变，这种方式是唯一的途径。人格改变的多少会随着环境改变的多少而变化，当环境改变得越多，人格也会改变得越多。不过，在依靠环境来改变性格的这个过程之中，人们往往会忽视其中的一个困难，那就是我们很难让人们不使用他的内部环境，比如语言和手势，所以言语也就成了人格改变过程中一个比较大的阻碍。

至于我们为何还有那么多相同的旧人格，答案也很明确，这是因为想要真正做到彻底改变环境、改变人格是相当困难的，尤其是我们需要独立完成时。希望将来有一天会出现专门的医院来帮助我们改变人格，那么我们改变人格就不会再这样困难了，不过这需要一个漫长的过程。

附录一：

行为主义的理论

行为主义指的是心理学研究对象以及研究方法这两方面的一种客观主义倾向。心灵主义是被行为主义所拒绝的，为此，行为主义者提出过两种观点：一种是形而上学的行为主义，另一种是方法论的行为主义。

形而上学的行为主义认为，心理科学不应该接受心理过程或者是心理事件，就如同在物理科学之中，灵魂、神明、鬼怪等不被接受是一样的道理。在形而上学的行为主义者眼中，类似于"观念"这样的概念里面，并不包含真实存在的东西，虽然人们在说明自己具有心理时经常会使用这些概念。形而上学的行为主义中，能够研究的只有存在的行为。

方法论的行为主义显然没有行为上学的行为主义的主张那样彻底。心理过程以及心理事件的真实性是方法论的行为主义所承认的，但在方法论的行为主义者看来这些内容并不能进行科学研究。因为只有那些公开事件，并且是能够被全部研究人员观察到的才能称得上是科学资料，所以意识虽然看起来真实并且丰富美好，但是科学心理学的主题之中永远都不会出现它的身影。

（1）行为主义的研究性质

在行为主义的研究性质方面，传统心理学以及内省方法都是被华生摒弃的，在华生看来，心理学并不是所谓的"意识现象的科学"，而应该是纯粹的自然科学。但是心理学研究对象具有主观性以及复杂性，所以心理学还不属于自然科学的范畴，只有将研究对象转移到能够观察的行为上来，并且放弃对意识的探讨，才能真正跨入自然科学领域。

他曾经在文章中指出：“心理学从行为主义角度来看，就是自然科学中的一个客观实验分支，对行为的控制和预测是它的理论目标，而它的方法的主要部分也并非内省。”

在华生看来，假如心理学以意识为基础，那么一定会丧失其应有的地位。对于传统心理学，华生是这样评价的：“动物是无法内省的，所以动物研究的价值自然也不会那么高，于是很多心理学家就将自身的心理与所构建出来的意识内容进行类比。”

华生从三个方面对内省进行了批判。

从经验方面来看，对于一些需要得到解答的问题，内省无法进行界定，不仅如此，意识心理学之中最为基本的问题它也未能给出答案，比如感觉究竟有多少种？它们各自又有什么样的属性呢？对此，华生认为，除非将内省这一方法抛弃，不然心理学在一些性格之类的问题上永远都会有分歧产生。

从哲学方面来看，内省并非一种科学的方法，在自然科学之中，“能够复制的结果”是可以通过优良的技术得到的，但是内省对于这种自然科学的方法并不喜欢。心灵主义心理学之中，观察者的“意识”是研究的对象，也就是说，当得到的结果并不清楚时，内省观察者就会成为心理学家所抨击的对象。而在自然科学中出现这种情况时，被抨击的对象则是实验条件。对此，华生认为，自然发现不了的私人要素正是内省心理学所得出的结果。方法论的行为主义的构成正是以此争论作为基础。

从使用角度来看，检验内省无法满足实用的需要。意识的行为标准是内省所需要的，而在实验室中，内省会要求动物心理学家对此进行找寻。实际上，“人们可以假设行为问题不会受到影响，不管意识是否出现在种系发生的等级上。观察一个动物在一种特定环境之中的行为才是人们设计实验的初衷。动物的心理不像动物的行为那样需要去重建，除非相关的研究人员做出一些荒唐的实验。在社会领域之中，人们在现实生活中遇到的问题以及心理学尚且没有得到应用的领域，内省心理学都无法帮助解决。”因此，华生所感兴趣的是应用心理学，比如心理医药学、心理病理学、广告心理学、教育心理学等，因为在这些心理学领域中，几乎不会用到内省这一方法。

（2）行为主义的研究对象

有机体为了适应环境的变化而做出不同种类的反应，这些身体反应的组合正是行为主义者所研究的行为。这其中有肌肉的运动、腺体的分泌等，通过对它们的研究，人们能够看出有机体在适应周边环境时，有着许多不同的方式来进行反应。比如，“思维”是一种内隐的言语反应，是能够习得的；“情绪”的产生是由于内脏的变化以及腺体的变化；“记忆”是某些习惯在很长一段时间里没有得到练习之后，仍旧可以在遇到相关的刺激或者情境时做出的反应。华生认为，无论是肌肉运动还是腺体分泌，这些都属于物理变化或者是化学变化的范畴。简单来说，就是人们可以用物理或者是化学的概念对心理活动进行解释说明。

“能够观察的事实”是行为主义心理学的出发点，也就是在身处不同环境时，无论是动物还是人都会努力让自己对环境进行适应。行为主义产生之前，心理学的研究对象是意识。但是华生明确指出，心理学的研究对象不能是意识，因为意识违反了自然科学的客观性原则，它太过于依赖内省。

华生继承了机能心理学中对适应性行为的研究，以及对意识进行贬低的思想倾向，但是他却认为，从本质上来看，构造心理学与机能心理学之间没有太大的不同，只不过是用意识的“机能”替换了意识的“构造”，但是很显然，这两者都有些令人捉摸不定。所有的意识心理学残余都被华生抛弃了，无论是知觉、感觉，还是意念、愿望等。他用刺激与反应这两种术语来对人们的行为进行描述，人类的行为以及动物的行为都可以用这些术语来描述。对个体的动作、形成的习惯等描述时都能够使用刺激和反应的术语，而作为一门行为科学，行为主义所研究的正是能够被这些术语所描述的对象。

行为主义者对行为进行客观研究，并且可以通过已知的刺激来对被这种刺激所唤起的反应进行预测，或者是通过已知的反应来对唤起这种反应的刺激进行推断。人们可以通过这种方式有效地对人类以及动物的行为进行预测、控制或者是理解。

在对“刺激——反应”这一行为单元进行研究时，行为主义是从整个有机体的全部行为上来进行的。刺激的种类繁多，有的比较简单，比如一盏打开的台灯，一束摆在饭桌上的鲜艳花朵等；有的比较复杂，比如个体身处的整个场景等。不过，刺激是可以组合起来的，各种各样的刺激组合起来，组成一个“刺激情境”。同样，反应也是有简单的，有复杂的，人们用动作一次来对反应加以表述。同刺激一样，反应也能够组合起来，比如盖房子、写作等。这些动作被分解之后，就会是人们常说的肌肉反应或者是腺体反应。

行为主义者将反应分为两类：一种是习得与非习得反应，一种是外显与内隐反应。此外，分清先天反应与习得反应两种类型之间的区别最为重要，并且从中还能找到一些适用于习得反应的学习规律。

（3）行为主义的研究方法

行为主义者在进行研究时，所使用的方法有观察法、条件反射法、言语报告法和测验法。而传统心理学所使用的内省法，华生一直以来都拒绝使用，因为在他看来，意识的元素是构造心理学通过内省发现的，意识的适应功能是机能心理学通过内省发现的，而这两者之间却相互对立、无法取得统一的意见，这样的混战严重阻碍了心理学的发展。而且，行为主义者研究的是有形的、能够客观观察到的东西，对于那些无法客观观察到的事物是不能容忍的。

第一，观察法。科学研究最基本、最常用的方法就是观察法。观察法有两种。一种在观察时不需要借助任何仪器设备来完成。观察者在进行观察之前要将他的结论记录好，并且检查各种特殊情况，通过这些得到一个初步的结论。做好这些之后再开始新的观察以验证之前的结果，所以这种方法也常被人们称为自然观察法。另一种在观察时借助仪器设备来完成。在行为主义者看来，使用仪器的程度以及水平可以衡量科学的进步，同样，化学与物理学等也是可以对观察所使用的仪器设备进行改造来促使学科得以进步的。只有借助仪器对一些行为进行精确的观察与记录，才能够将心理学的研究水平提高，才能让心理学变成一门真正的自然科学。

第二，条件反射法。行为主义正式创立两年以后，条件反射法才被行为主义者采用。条件反射现象是俄国生理学家巴甫洛夫发现的。反射的方式有两种：一是条件反射；二是无条件反射。无条件反射不用通过学习就能做到，可以说是与生俱来的；而条件反射则是建立在无条件反射的基础之上，通过条件刺激而形成的反应。

条件反射有两种方法，一种方法是获得个体的条件分泌反射，简单来说就是通过条件刺激唤起并控制腺体反应；另一种方法是获得个体的条件运动反射，就是通过条件刺激唤起肌肉反应，使得肌肉反应被条件刺激所控制。无论在言语可以使用的情况下，还是言语不能使用的情况下，条件反射法都可以使用，并且能够使用客观实验来代替原本的内省，使得研究变得公开化，并且是可重复验证的。

华生通过条件反射法得到了一种能够对行为进行客观分析的方法，于是他将行为分解为“刺激——反应”的联结，这是行为最为基本的单元，并且他主张对所有的行为都进行这样的分解。对于在实验室内进行的人的复杂行为的研究而言，这无疑是一种非常切实有效的方法。

第三，言语报告法。言语报告法就是对自己身体内部发生的变化进行自我观察，并且口头报告这些变化。因为华生素来十分反对内省，因此言语报告法也就成了行为主义研究方法之中最具有争议的一种。

在华生看来，言语是一种特殊的、能够客观地进行观察的反应，所以言语报告法是一种客观的观察方法。在他看来，说话和打高尔夫球一样，都是一种客观行为，既然如此，那么这种方法就没有违背客观性的原则。

在西方心理学界，言语报告法引起的争议很大。在一些心理学家看来，华生此举等于变相承认了内省法的价值与地位，是华生对内省心理学的让步；还有一些心理学家讽刺华生，说他刚从前门将内省法赶走，转头就将内省法改头换面，从后门以“言语报告”的名义又接了进来。连华生本人也承认这种矛盾，他指出这种方法并不精确，应该对这种方法施加更多的条件限制，比如将言语报告的使用限制在一种完全可以加以验证的情境之中，只有这样才能得到更加精确的言语报告。而他之所以会采取这样的方法也不过是权宜之计，因为按照现有的技术条件来看，还没有出现一种更为客观的方法。

第四，测验法。最初时，机能心理学中最常用的就是测验法，测验法的发展也是在那个时候。心理学的应用是机能心理学所强调的内容，所以测验法主要是用在心理学的应用方面，比如测试个人的智力，大多数心理学家所接受的也是这一点。而对于华生来说，测验法的研究价值要高于其应用价值，所以对于他而言，测验法也是对心理学进行研究的一种好方法。除此之外，他还强调，这种方法测试的不是心理品质而是行为反应。在进行测验的过程之中，要根据行为反应来对一个人的人格进行判断和衡量，而不是通过语言的方式。

可以说，摒弃内省法，使用更加客观的方法对心理学而言是一种很大的进步，而且这样的方式所得出的研究结论更加真实、准确。

附录二：

行为主义心理学派简介

1. 早期行为主义

从1913年开始，也就是从华生发表《行为主义者心目中的心理学》一文开始，在之后的50年里，行为主义和后来的新行为主义可以说是一直在西方心理学界占据着统治地位的。行为主义的出现对心理学的影响是巨大的，在它的推动下，心理学开始由主观换向客观化转变，从而使得心理学的科学化进程大大加快。作为一种西方心理学中的一种理论或者一个流派时，行为主义是华生所创立的一种心理学体系；作为一种方法论时，行为主义是一种客观倾向，这种倾向是在心理学的研究对象以及研究方法方面体现出来的。

行为主义一直以来坚持自然科学，但是事实上，行为主义的思想也受到了许多哲学思想的影响，比如机械唯物主义、实证主义等等。不过在思想方法上，影响行为主义者更多的还是俄国生理学的有关于条件反射的研究。

对于心理学的发展，行为主义做出了杰出的贡献。行为主义者将传统心理学中以描述意识与解释意识为目标转为以控制行为与预测行为为目标。同时，行为主义者还转移了心理学家的关注点，使心理学家从研究内在的意识转为研究能够直接观察的行为。这两点对于西方心理学界的影响十分深远。

心理学的研究领域因为行为主义的出现而拓宽了。传统心理学所探讨的内容局限于意识之内，所以在对动物以及儿童心理学方面一直都难以取得进展。而行为主义者抛弃了内省的方法，对行为进行直接观察，这就大大推动了动物以及儿童心理学领域的研究与发展。

桑代克的动物实验研究对行为主义的建立有着很大的影响，可以说行为主义与动物心理学之间的关系是非常紧密的，同时，行为主义的产生与发展也推动了动物心理学的进步。因为按照传统心理学的理论，动物心理学就会出现拟人论的倾向，而想要使动物心理学在心理学领域占有一席之地就只能彻底摒弃这种拟人论的倾向，以行为作为研究对象的行为主义的出现正好使这一问题得到了很好的解决。

儿童心理学的发展与动物心理学相类似。儿童因为其语言发展的问题，所以使用内省的方法来对儿童心理进行研究是不可行的。因此儿童心理学在传统心理学中无法得到发展。而行为主义者所强调的是对行为的观察，于是人们可以通过对儿童的行为进行观察和记录来对儿童的心理进行研究。

心理学的应用研究在传统心理学中并没有受到重视。比如，构造心理学认为，应用属于一种技术，而心理学是一门纯正的科学，应用心理学在心理学中的研究价值并不大；而机能心理学则认为生物的本性是适应，因此也就忽视了对于行为的预测和控制。而行为主义者的心理学目标是对行为进行预测与控制，这就使得人们把社会生活和心理学联系起来，在心理学的应用方面起到了巨大的推进作用。

行为主义的影响十分广泛，不仅是整个心理学领域，在医院、工厂、学校、监狱等领域也能够见到它的身影。而且，教育、艺术、社会学、政治科学等人文科学也受到了行为主义方法的影响。一些心理学应用学科，比如行为治疗、学习心理学等，也在行为主义的影响下得到了快速发展。

不过行为主义本身所存在的缺陷也很明显。心理学，顾名思义是一门研究心理的学科，而行为主义因为意识心理学的弊端而非常排斥对于心理现象的研究，其将意识与心理看作能够直接进行观察的行为，并且将行为归结为刺激和反应。在行为主义者看来，不管是多么复杂的刺激，想要对有机体造成影响就必须通过声音、电等一些物理方式或者是化学方式；不管是多么复杂的反应，都能够用腺体分泌和肌肉收缩来对其进行分析，而这两者也同样具有物理性质与化学性质。虽然心理学的研究对象与物理、化学等学科的研究对象统一起来了，但是它失去了心理现象的基本特点，很显然成为一种机械还原论的观点。比如，华生总是将人描绘成一种被动消极的机器，并且是没有任何的主观能动性的机器，他说："当你将钱币这一刺激投入自动售货机，于是作为一个反应的商品就出来了。"这就是一种典型的机械还原论观点。

行为主义在进行心理学研究时的动物学化也是它的一个缺陷。华生早期是动物心理学家，所以他的研究方式和方法会受到动物心理学的影响，而且很显然他对人进行研究时，动物心理学的研究精神是始终贯穿其中的。

同机能心理学一样，行为心理学也受到达尔文进化论的影响。进化论使人与动物之间的血缘关系被确立，这也就使得人的心理与动物心理之间的连续性被确立。以人的心理来对动物的行为进行描述是拟人论；用低等动物的行为和人类低级的运动形式来对人类复杂的心理进行解释是反拟人论。

行为主义深受动物心理学中的反拟人论的影响，行为主义者认为在对人进行研究时，不应该使用意识、心理等词汇，应该使用刺激、反应等词汇，就像是在动物研究中使用低级的词汇来对有机体的行为进行描述一样。于是行为主义的心理学研究就带上了动物化趋势，很多行为主义者都认为在研究人的心理时，应该使用动物心理学研究的方式，在解释人类心理活动时应使用动物行为的研究结论，甚至之后的新行为主义者也继承了这个特点。

自心理学独立以来，心理学流派纷纷表现出对于自然科学的崇拜，于是心理学的研究之中自然而然被带入了自然科学中的客观性原则。而这一过程在行为主义出现时到达了巅峰。行为主义者用行为来取代意识，用实验法和观察法取代传统的内省法，这在一定程度上是为心理学的科学化进程做出了贡献，但是客观主义倾向太过严重也给心理学带来了一些消极影响。

行为主义排斥认识、情感等心理过程，这就使得心理学失去了其应有的学科特点，同时也使得心理学缺乏统一的理论框架，从而使那些进行实证研究的心理学家得到的一些关于心理现象的“客观”数据并不完整。除此之外，因为统一理论框架的缺失，使得这些心理学家之间无法进行有效的沟通，这也是造成当今西方心理学界局面支离破碎的一个重要原因。

2. 新行为主义

20世纪30年代，托尔曼、赫尔与斯金纳等行为主义者，以华生的行为主义为基础，对其进行改造并且将中介变量这一概念引入其中，从而诞生了一些学术流派，它们总称为新行为主义。新行为主义认为行为是心理学的研究对象，并且在进行分析时，使用实验科学的方法来进行，然后找出这些变量之间的函数关系。新行为主义将社会心理学与学习心理学的研究相结合，对社会因素的影响非常看重，促进了学习理论的发展。

与早期行为主义不同，新行为主义没有一个中心的代表人物，新行为主义的类型很多，代表人物也有很多，比如托尔曼、赫尔、斯金纳等，他们都有几个共同的特征：第一，它们共同的哲学基础是逻辑实证主义；第二，它们认为刺激和行为之间存在着“中介变量”，这一系列的中介变量并不能直接进行观察，但是能够进行推断，而推断的依据就是行为的先行条件以及后续的结果；第三，广泛使用动物开展心理学实验研究；第四，对学习过程的研究非常重视，并通过研究提出了许多不同类型的学习理论。

由于受到了实证主义的可观察证实原则的影响，行为主义者反对研究有机体内部心理过程，因为他们认为有机体内部发生的事情无法直接进行观察并且加以证实。而新行为主义者因为接受了逻辑实证主义，他们认为通过引起有机体行为反应的先行条件和最终的行为结果，可以使用间接证实的方式对有机体内部的事情进行推测，所以有机体内部心理过程也应该成为心理学的研究内容。

托尔曼是第一个打破有机体内部心理过程不可研究这一观点的人，他在心理学的研究中引入了中介变量的概念，为心理学的研究打开了一扇新的大门。从托尔曼的目的行为主义开始，无论是哪种类型的行为主义者都通过不同的方式对有机体内部所发生的事情予以关注。以逻辑实证论为出发点的逻辑行为主义者赫尔，提出了刺激与反应间存在着一些无法直接进行观察的理论实体的假设。表面不承认中介因素的操作的行为主义者斯金纳，将内驱力与情绪归为第三变量，并且承认它们也会影响行为，事实上这也就是对中介过程存在的承认。他们虽然对于中介变量的称呼各不相同，但是都承认了这种变量的存在，并且认为这是决定行为的重要因素之一。

新行为主义在丰富了学习理论的同时也丰富了研究方法。就本质而言，新行为主义的理论体系是围绕着学习理论构建的。在托尔曼看来，位置学习是学习的本质，而潜伏学习则是学习的表现形态。赫尔则想要从不能进行客观观察的观点中挣脱。斯金纳则认为操作后受到强化的结果就是学习，于是他通过操作强化原理，设计了程序教学以及机器教学，并以操作性条件反射原理为基础，提出了学习的操作强化学说。

新行为主义十分注重自然科学，常常吸收其成果，并且与社会实际相结合，对于行为的预测与控制进行强调，推动了心理治疗的发展，也推动了行为矫正的发展，同时也使得心理学得到了广泛的应用。格思里的接近条件作用学习理论就被他应用到了行为矫正方面，为行为矫正领域的发展做出了突出贡献；而斯金纳则为心理治疗领域做出了杰出的贡献。

新行为主义也有一定的局限性。在新行为主义中，人这个主体的地位和作用被轻视或者是贬低了，人的主动性以及自我效能明显被忽视了。在新行为主义者眼中，人是被观察的客体，而非活动的主体。比如托尔曼所关注的主要是人的外显行为，在他看来，那些无法从有机体外观察到的东西，都是无法证实的，应该将这些从科学研究中剔除；而斯金纳则认为人们的行为是经验的函数，在他看来，“自由”与“尊严”要用操作主义来说明，而不是用人性来解释。

行为主义要求人们在对人和动物的行为进行观察与解释时做到绝对客观，不能对所观察到的一切进行主观的解释，这就陷入了客观主义的境地。在赫尔看来，只有根据动物的行为来进行考虑才能够做到绝对客观的观察与解释。假如一个理论家开始考虑他若是一只猫的话将会有什么样行为，那么他很有可能会失败，因为他经过多年自我观察所得的关于自身行为的知识会在这样的情况之下取代科学的客观陈述的原则。斯金纳则认为，第三变量不过是行为的一部分，所以科学也就不用为了认识它们而采取一些特殊的方式，更不用去假定这些内部事件拥有什么特殊的性质。很显然，斯金纳忽视了有机体的内部因素，作为一个比较极端的环境决定论者，他必然会陷入客观主义境地。

除此之外，还原论的倾向也存在于新行为主义之中。新行为主义承认中介变量存在于刺激与反应之间，比如动机、态度、需求等，这一点与早期行为主义有很大不同，但是新行为主义者又认为中介变量只能通过行为来推论，因为在他们看来，中介变量是没有办法直接观察或者直接测量的，它只是一个假设性的概念。所以，虽然新行为主义中存在中介变量，但是从根本上来看，新行为主义中存在的忽视和排斥心理内容的情况并没有得到改善。不仅如此，新行为主义将客观行为作为心理学研究的唯一对象，有一种明显的机械主义的倾向。

新行为主义还存在一种倾向，那就是先将社会的事物还原成生物的事物，再将其还原为物理的事物、化学的事物。赫尔认为，行为就是一种身体过程，这显然是从本质上忽略了低级运动形式与高级运动性质之间的差别，所以他才会将高级运动形式归结为低级运动形式，这是一种非常明显的还原论的倾向。

3. 新的新行为主义

随着研究的不断展开，新行为主义暴露出来的缺陷也越来越多。一直以来，逻辑实证主义都是新行为主义者所尊崇的方法论基础，但是20世纪40年代之后，新一代的科学哲学家却向逻辑实证主义发起了有力的挑战。在这样的危机出现时，行为主义者的内部出现了不同的声音。有的新行为主义者发现了这其中存在的问题，认为之所以会出现危机就是因为对自然科学的研究程序过于强调，并且太过于依赖逻辑实证主义。在他们看来，新行为主义者的态度“温和”一些，其将行为主义基本信念作为基础的同时，去寻找新的发展与突破。到了20世纪50年代，温和的新行为主义者开辟出一条新的道路，于是新的新行为主义就这样产生了。

班图拉的社会认知理论是新的新行为主义的代表理论。新的新行为主义的理论都有着一个共同的特点，那就是在行为主义研究精神的前提下对认知心理学的成果进行吸收。

那些被传统行为主义摒弃的概念，比如认知、意象等，新的新行为主义者大胆地使用并对它们在行为中所起到的作用进行探索。这也是新的新行为主义与传统行为主义最大的区别。

认知与行为的结合也是新的新行为主义所强调的。认知是人类行为的中介，那么想要对人们的行为进行预测可以通过人的信念、人的期待等；而想要改变人们的行为，可以通过改变人们认知过程的方式来进行。同样，假如想要改变人们的认知过程，那么可以通过改变人们的行为来进行。研究表明，认知与行为是相互影响、相互作用的。

在影响行为的因素中，传统行为主义忽视了自我的调节，过度强调外在环境的作用，但是新的新行为主义者则不然。他们认为，假如人的行为只是因为外部环境的影响，那么人就会为了去适应那些短暂的影响而不断改变，但是从事实上来看，除非外部环境施加的压力太大，不然人们总是会表现出很强烈的自我导向。因为这种自我导向能力，人们能够自己对自己的思想与行为施加影响。

早期行为主义否认心理的作用；新行为主义虽然对中介因素进行了解释，但实质上依然是在对心理的作用进行否认；而新的新行为主义则认为心理过程是一个积极、主动的过程。

行为主义发展至今，最为显著的特点就是坚持客观主义的态度，新的新行为主义也不例外。虽然新的新行为主义者强调心理过程对行为调节的作用，还使用如自我、认知之类的概念，但是对人类的行为进行说明依然是他们最终的目的，即使使用了这一类概念，他们也一直都在遵循着客观化的原则，从未背离行为主义的立场。

新的新行为主义也存在许多缺陷，比如，理论不够系统化，有些概念不够精确等。除此之外，新的新行为主义的许多概念是通过推论得来的，至于这些概念是否可靠和科学，一直以来都颇有争议。在新的新行为主义者看来，只要能够经受得住验证，那么这些变量就是科学的，但是在解释被推论的事实时，他们往往会使用通过推论得来的变量，这就犯了逻辑上的错误。

研究方法的客观性是传统行为主义者一直强调的，他们还反对一切主观的新研究方法。同样，新的新行为主义也强调使用客观的研究方法来进行研究。那么这是不是意味着要放弃一些间接的方法，比如言语调查等？对于这个问题，新的新行为主义者也有分歧，一部分人认为这种间接的方法违反了客观性的原则，并不可取；而另一部分人则认为通过间接评估的方法是可取的、科学的。

如今，认知心理学渐渐强大，新的新行为主义的出现也受其影响，这就使得新的新行为主义倾向于认知心理学，在研究时对有机体内部的研究过于重视而忽视了行为的研究。这样的情况下，新的新行为主义很可能会被湮没在认知心理学的洪流之中。

附录三：

行为主义心理学家的各自观点与理论

1. 巴甫洛夫的条件反射学说

伊万·彼得罗维奇·巴甫洛夫是俄国著名的生理学家、心理学家。巴甫洛夫最初的生理学研究重点在于血液循环与消化机能方面，后来他在消化系统的研究方面取得了重大的成就，并且于1904年获得诺贝尔生理学奖。再往后，他的研究重点转到了神经系统方面。

此时他发现，虽然在生理学中，反射概念已经应用了很久，可是应用这一概念的只不过是一些神经系统中的低级部位。所以，当他接受谢切诺夫的大脑反射学说以后便开始研究高级的神经活动。他在研究动物与人的高级神经活动时，既严格又客观地使用了条件反射的方式，并且还创立了高级神经活动规律理论。可以说，巴甫洛夫从中年开始，都始终投身于高级神经活动规律的研究之中，以自身坚强的毅力与献身精神为生理学和心理学的发展做出了卓越贡献。

中枢抑制现象最早是俄国生理学之父谢切诺夫发现的。他认为，从产生方式上看，所有的心理活动都是反射。除此之外，他指出，因为反射弧三个环节的末端受到抑制，因此才出现了思维，这为研究大脑反射创造出了新的客观方法。对谢切诺夫的这种大脑反射学说以及客观的研究方法，巴甫洛夫予以了继承与发展。

在进行自然科学研究时，使用最为严格的客观方法，这一点巴甫洛夫一直在强调。“观察，观察，再观察”是巴甫洛夫的座右铭，他甚至为了表明自己在进行高等动物神经活动研究时是纯粹从外在的实际方面出发的，而将这句话刻在他的实验室墙壁上。对于巴甫洛夫学说而言，条件反射学说正是它的核心思想。巴甫洛夫不仅对谢切诺夫的大脑反射思想予以了继承，还使其得到了发展。巴甫洛夫认为，动物有机体的一切行为活动都能够被看作是反射，并且他认为反射就是有机体的感受器感受到来自外界的刺激，并通过中枢神经系统的传导，从而使有机体做出一些规律性反应。在巴甫洛夫看来，反射可以分为两种类型：一种是无条件反射，也可以被称作非制约反射；另一种是条件反射，也可以被称作制约反射。有机体与生俱来的反射就是无条件反射，它对于保存有机体的生命具有重要的意义。通过后天的训练习得的反射就是条件反射。条件反射往往都以无条件反射为基础。条件反射之所以能够产生，是因为在外界刺激的影响之下，有一些暂时的神经联系在个体的大脑皮质上建立起来了。

巴甫洛夫的实验研究从以狗为被试对象开始，之后才涉及人。在他看来无论是人的行为还是动物的行为，都是条件反射，并且这些条件反射都是以无条件反射为基础的，当然，人的智慧行为以及随意行动也都包含在其中。

为了对自己的经典性条件作用论进行说明，巴甫洛夫进行了这样的实验：先将条件刺激展现在动物的面前，这些刺激物是一些与反应无关的物品，比如声音、灯光、气味等，随后再将一些无条件刺激展现在动物的面前，比如喂食、击打等。当这种条件刺激（以灯光为例）与无条件刺激（以喂食为例）被反复展现在动物面前许多次之后，动物在见到灯光时，就会分泌出唾液，这就是动物对于灯光的条件反应，也可以说是制约反应，于是条件反射就这样形成了。也可以说，在上述实验条件下，灯光与食物这二者在大脑皮质上建立起了暂时的神经联系，灯光对于喂食而言，起到一种信号的作用，从而间接地引起与喂食无条件相联系的唾液分泌反应。因此，也可以说条件反射是一种信号活动。

不管是哪一种刺激，只要它在一定的条件下成为无条件刺激的信号，那么这种刺激的出现就能够引起一定的反应。对于有机体而言，条件反射正是其对环境进行适应的基本活动方式。

因此，巴甫洛夫的条件反射学说也被人们称为信号系统学说，到了后期，这个学说发展成为两种信号系统学说。巴甫洛夫指出，第一信号系统的条件反射就是作为非条件刺激信号的所有刺激物，如声音、电、光等所引起的条件反射。第一信号系统的条件反射是动物与人所共有的。

如果是用词语作为信号，也就是人们所谓言语信号，那么它就会具有抽象概括的性质。而引起第二信号系统的条件反射形成的条件刺激物正是言语信号。第二信号系统的条件反射只存在于人的身上，其他动物的身上是不存在的。巴甫洛夫指出，第二信号系统的基础，或者说主要成分正是来自于言语器官的动觉刺激，它把第一信号系统信号化，词语构成了人类特有的第二信号，它是来自于第一信号的信号，比如有人将一颗酸梅只给你看或者你自己想象一颗酸梅摆在你的面前，于是你分泌出了唾液，这就可以说是引起了第一信号系统的活动；但是假如你是在听到有人谈论酸梅时分泌了唾液，那么这就是引起了第二信号系统的活动。

巴甫洛夫所从事的这项研究工作显然起到了非常重要的作用。在巴甫洛夫的研究成果公布以后，得到了许多心理学家的响应，比如华生的行为主义，就是将经典性条件反射作为所有行为的基础的。在心理学界，这种以条件反射作为基础的心理学理论曾经有很长的一段时间占据着主导地位。不管怎样，条件反射的观点的确可以对很大一部分行为进行解释。

2. 霍尔特的心理学理论

埃德温·比塞尔·霍尔特既是一位早期的行为主义心理学家，又是一位新实在论哲学家。霍尔特反对各种唯心主义的学说，在他看来，认识的对象以及外部的世界都是客观实在的，认识者与环境的直接关系就是认识；观念与感觉也是客观实在的，当环境处于认识者与环境的关系之中，认识者就认识了环境。很显然，这些哲学论点为霍尔特的行为主义学说奠定了基础。

同华生一样，霍尔特也认为心理学的研究对象应该是行为。但是，相对于华生而言，霍尔特的学说更为宽泛，同时也更加哲学化，在霍尔特看来，行为的很多动力都被华生忽视了。有机体的行为具有一定目的性，比如一个人正在向体育馆走去，他去体育馆有自己的目的或者意愿：有可能是去看比赛，有可能是自己参与比赛，还有可能是与朋友约好了在那里见面。在霍尔特的观点中，目的或者意愿都表现在个体的行为之中，因而人们可以观察目的或者意愿。

此外，霍尔特也坚持外周论。他和华生一样，都认为中枢神经系统在进行传递的过程中不会产生任何的加工作用，它所具有的仅仅是传递的功能。但是在霍尔特看来是存在意识的，行为与心理以及意识之间具有同一性，生理活动与心理活动之间也具有同一性，所以通过对行为的研究，并且只有这样才能对人们的心理或者意识进行理解。

在霍尔特看来，神经过程与意识过程之间也是具有同一性的。假如神经系统是一个探照灯，在这个空间之中有非常多的物体，这个探照灯可以照亮其中任何一个，但是如果它选择照亮其中一个，这种反应就可以说是意识。也就是说，神经系统特别地对某种物体做出的反应就是意识。简单来说，意识是人的某种特定反应，而意识的对象或者意识的客体就是意识的内容。从本质上而言，意识的内容与环境事物相一致。所以，环境事物的物理属性，意识也是具备的。

行为形成的过程在霍尔特看来主要是学习的过程，在这个过程之中，占据主要地位的并不是遗传因素。人在刚刚出生时，会做出很多动作，这些动作都是随机的，在最初，这些无目的的运动因为个体受到刺激而被唤起。后来随着个体的成长，各种条件反射都会发挥其应有的作用，于是就有很多简单的或者是复杂的行为在个体身上形成了，这就要归功于学习。个体在内部动因（目的、需求等）与外部动因（环境刺激）的共同作用下不断进行学习。从这一方面来看，霍尔特的观点更接近于新行为主义。也正是因为霍尔特重视内部动因，后来的心理学家才开始重视内驱力对个体学习过程的影响，并对此进行更加深入的研究与探讨。

3. 魏斯的心理学理论

阿尔伯特·波尔·魏斯可以说是一个最为激进的行为主义者，所有的主观概念都被他不假思索地从心理学之中删掉了。无论是人的行为还是人的大脑过程，只要是这个宇宙中的事物在他看来都是物理的，都能经过科学分析成为电子和质子，因此物理一元论是他所主张的。

魏斯认为，电子和质子组成了一切的事物，大到一个国家，小到一个细胞，无不如此。同样的，电子和质子以及它们的运动还组成了人的运动过程、消化过程、神经过程、分泌过程、大脑过程，还有人在环境的作用下做出的反应，等等。

在他看来，原子由电子和质子组成，分子由原子组成，蛋白质由分子组成，而细胞是由蛋白质组成，最后各种各样的细胞组成了不同的器官与组织，于是人就这样形成了。之后出现的群体、部落，甚至国家都是由人组成的。总而言之，电子与质子组成了一切。

行为的探讨是行为主义的最主要问题，行为的组成也是电子和质子。在魏斯看来，可以简化所有的人类成就以及行为，那就是：（1）在对各种不同的电子——质子组合进行描述时，按照几何图形的结构或者是对称的结构去进行；(2）发生在一种结构的形式或者是一种动力的形式向着另一种形式转变时的运动。行为主义者所主张的公式通过这样的方式来表述也是可以的。他认为，想要对人类的人格以及社会组织进行科学的研究，那么可以建立在这样的假设基础之上：唯一的实在物是物理——化学连续体，我们所生活的这个宇宙是电子——质子集合体的综合。

由此可见，魏斯的观点十分明确，那就是：电子和质子组成了一切的行为，而行为之所以会各有不同，也是因为电子和质子有着各种各样的运动形式。

魏斯坚决反对一切关于意识或者是心理实体的假设，在他看来，人的活动都可以用电子和质子的运动来解释，无论这种活动是内部的还是外部的。举个例子，那些太阳中发生的变化在向外传播的过程之中会再次发生变化，从而成为另一些变化；个体视网膜的细胞受到光的影响，导致了神经过程的产生；然后这样的变化通过神经纤维一路传递给大脑，然后从大脑传递到言语组织，言语组织的肌肉收缩，于是个体说出“太阳很热”这样的话。而这句话又传递到其他个体的耳朵中，使其他个体产生反应，也就是为了防止中暑而走到了阴凉处，之后可能还会有别的刺激对个体产生作用，于是个体身上所累积的神经系统中的模式反应就会表现出来。很显然，在魏斯的理论中所包含的只是电子和质子的传导运动过程，而意识和心理毫无地位。

魏斯的物理一元论是以电子和质子为基础的，他认为这样的优点有很多：一是能够使用精确的数学语言来对行为进行描述；二是能够找出事物最基本的成分以及它们之间共同的基础；三是能够相互验证与交流，这就防止了主观臆断的发生；四是对于推翻形而上学的假设，比如生命力等，有着非常大的帮助。

魏斯的观点将心理过程的特点抹杀掉了，这种观点最终是将人看成是一种机器，是非常典型的还原论的观点。

4. 亨特的心理学理论

沃特·萨米尔·亨特同华生一样，反对内省法，对意识的研究非常排斥，并且坚持客观性原则。他为了避免用带有心灵色彩的术语记忆概念，于是在对意识进行解释时所使用的是刺激与反应之间的关系，并主张对心理学进行改造，使之变成“人类行为学”。在他看来，客观实验的时代已经来临了，而心理学早已进入其中，对有机体的行为进行研究时，为了使预测行为和控制行为的目的能够实现，使用的方法应该是客观的实验方法。

人的学习活动以及人的言语活动等社会性的行为是亨特人类行为学的研究对象。在亨特看来，这些社会性的行为是刺激与反应之间所产生的各种复杂的关系，它们与其他行为主义者所研究的刺激与反应有很大的不同之处。

关于人类天性的研究，亨特并不排斥，这一点与华生大不相同。在亨特看来，人类学习的基础就是天性，因此也就需要对人类的天性进行认真的了解。

心理学现有的方法之中，亨特指出了两种取向：一是个人取向；二是社会取向。个人取向，顾名思义，就是自己作为被实验者，通过内省来了解自己的意识、了解自己的心理过程，个人的主观报告是研究结论的主要来源。而社会取向则不同，社会取向的被实验者是除自己以外的其他人，这也是亨特所赞同的方法。

除此之外，亨特还指出了社会取向的研究方法之中存在的两种态度：一是对被实验者的言语报告太过依赖，这也就意味着内省的方法没有从根本上被摆脱；二是通过对被实验者的行为反应的观察与记录得出结论，对被实验者的言语报告并不依赖。显然，亨特所赞同的态度是后者。

亨特与激进的行为主义者不同，他对于意识的存在并不否认，但是，构造心理学对于意识的观点他是不赞同的，因为构造心理学认为，意识是独立于物质世界的实体。同时他也不赞同机能心理学对意识的观点，因为机能心理学认为意识是物质世界的功能。亨特认为，由感觉刺激所唤起的言语反应才是意识，这样的反应在本质上与其他的行为反应并没有什么区别。很显然，亨特的观点表明了他在坚持行为主义的基本原则时，并未放弃传统心理学中关于意识的概念。

5. 拉什利的心理学理论

神经心理学之父卡尔·拉什利曾经做过关于剔除动物脑的实验研究，正是这一实验研究使他闻名于世。拉什利修读博士期间，华生正在霍普金斯大学执教，拉什利恰巧是他的学生，后来拉什利与华生也一直保持着非常良好的关系。

拉什利坚持客观主义的立场，他认为意识并非心理学的研究对象。在他看来，意识是不可能通过经验去了解的，因为它远远超出了经验的范围。而且在传统心理学中，心理学家是通过内省的方式对意识进行研究的，但是这种意识事实上是意识的内容，而不是意识本身，意识本身无法通过经验去了解，所以也就无法对意识本身进行考察和研究。

心理学在20世纪初时存在一种倾向，就是大脑的功能是点对点的联结，就如同电话的接线板一样。对此，拉什利指出，假如这种倾向是真的，那么人们就能够对大脑的机能进行严格的定位，大脑的机能会在这一点被切除之后完全地消失不见。因此，他进行了一项实验，通过系统切除法，对小白鼠以及其他动物的大脑进行不同部位的切除，并对它们的行为能力进行观察和记录。

拉什利对动物进行训练，教会它如何去执行他想让它做的特殊的任务。他设计了一个跳台，称为“拉什利跳台”，这个跳台非常精巧，许多心理学家在对动物的学习进行研究时都会采用这个跳台。有一个抬高的跳板位于跳台之上，这个抬高的跳板前有两个刺激卡片。假如动物在进行跳跃时选择了正确的卡片跳上去，那么它就会得到食物；但是动物在进行跳跃时如果选择了错误的卡片跳，那么它就只能落回到笼子中，更不会得到食物。通过这样的方式进行反复训练之后，动物就形成了行为习惯，每次都会跳到正确的卡片上面。之后再切除这些动物的大脑皮层，当然切除的程度都不相同，切除之后再对动物的行为反应进行观察和研究，看它们是不是依旧可以跳到正确的卡片之上。

对于大脑皮层的活动，拉什利在经过了一系列的实验研究之后，提出了两项原则:（1）整体活动原则。（2）等功性原则。

整体活动原则的意思就是切除大脑皮层的分量关系着大脑皮层对学习效率的影响大小。简单来说，就是切除的大脑皮层分量越少，对学习效率的影响就越小；切除的大脑皮层分量越多，对学习效率的影响就越大。此外，学习效率也会受到学习活动的复杂程度影响，活动越简单，学习效率受到的影响就越小。在拉什利的实验之中，那些大脑皮层被切除了三分之一的小白鼠，行为还是像往常一样，因为它们学习的是简单的活动；而那些大脑皮层仅仅只是被切除了五分之一的小白鼠，它们学习复杂活动，于是从前的学习成果也就不复存在了。

等功性原则，也被称为均势原则。也就是说，从对大脑皮层的一定部分对个体任务的功效上来看，大脑皮层的另一部分从本质上而言与之是相等的。之所以会得出这样一项原则，是因为拉什利在进行实验研究时，发现动物学习效率并不会因为切除的大脑皮层的部分不同而发生变化，也就是说，在切除的数量相同的情况下，无论切除的是哪一部分的大脑皮层，动物学习效率所受到的影响程度都是相同的。因此，大脑的机能在发挥作用时是整体进行的。不过，对于大脑机能定位的主张，拉什利并不反对，他认为两者是同时并存的，但是整体占据主导地位，当大脑皮层的一部分被切除之后，大脑的另一个部分就会对被切除的这一部分的功能进行补偿。

在行为的生理基础研究方面，拉什利与巴甫洛夫有许多相似之处，但是他们二人的出发点却大不相同：巴甫洛夫会对行为的生理基础进行研究，是为了研究生理学，而拉什利对行为的生理基础进行研究则是为了研究心理学。

6. 托尔曼的目的行为主义

爱德华·柴斯·托尔曼是第一个在对行为主义进行改造时使用逻辑实证主义观点的心理学家。他的理论被称为目的行为主义，在他看来，有机体行为的进行是有一定目的的，并且对于目的、期待、认知地图等中介变量进行研究也是他首次进行倡导的。

与华生一样，托尔曼也反对内省法，他认为心理学的观察与研究对象应该是可以观察的行为。但是，在对于行为的理解上，托尔曼与华生有着本质的区别。在托尔曼看来，华生认为肌肉运动和腺体分泌就是行为，只关注了具体的刺激以及孤立的反应，忽视了行为所具有的整体特性。心理学中的行为应该是一种整体的现象，虽然这些行为依赖于生理运动，但是这些运动从根本上而言却并不只是生理运动。不过了解行为的本质特征才是我们的根本目的，所以我们对行为进行研究时，即使不知道这些行为与哪些生理运动有关也没有什么影响。

在托尔曼看来，整体行为的特性有三种：（1）趋向或者离开一定的特定目标对象。比如猫从笼子中逃出去。（2）有选择的特征。比如小白鼠在迷宫中奔跑是为了获取物，它选择一条路的同时就放弃了许多其他的路。（3）总是选择最简单的方式。比如小白鼠跑迷宫时，有两条路通往食物，它所选择的路径会是花费时间少而且距离短的。

行为具有目的性从第一条特性中可以看出，行为具有认知性从第二条和第三条特性中可以看出。但是，托尔曼使用的“目的”“认知”等概念，很显然违反了吝啬律，托尔曼认为，无论是在人类的行为中还是在动物的行为中，目的和认知都非常明显，并且这些在行为中的目的和认知从定义上来说完全客观，因为在对其进行定义时是通过观察行为之时所得到的特性与关系来进行的。因此，在他看来，他提出的目的与认识是完全客观的东西，而不是主观上的东西。目的表现在行为上而非从行为中推测得来，也就是说托尔曼在看待目的与认知时是从逻辑实证主义的角度出发的。

托尔曼曾以白鼠跑迷宫为例来对决定行为的各种因素进行论述。托尔曼认为，白鼠在简单迷宫中的行为的决定性因素可能是白鼠在进行尝试时所累积的经验。但是当迷宫变得复杂时，促使行为发生的因素就会有很多，除了累积的经验之外，还有：

（1）环境的变更。这其中包含补给时间表，比如动物上次进食与这次进食之间相隔的时间。

（2）个性差异变量。托尔曼一共列举出了四种个体的差异变量，分别是遗传特点、年龄、曾经受到的训练、通过特殊的药物或者激素等维持的生理状态。

（3）中介变量。介于环境变量与行为变量之间的因素就是中介因素。它们往往无法直接通过观察得到，不过，通过最终的行为结果以及引起这种行为的先行条件，能够对其进行推断从而发现这些因素。

个性差异变量从某种意义来看也属于中介变量，但是托尔曼却将其从中介变量的范围中剔出，因为他认为中介变量的产生是由于环境变量与个体差异变量之间的相互作用。而不同的中介变量的产生则是因为不同的环境变量与一定的个体差异变量相结合而产生的。

观察某种情境下个体所发生的反应是目的行为主义者的主要任务。这就要对所处的这一情景进行了解，同时还要了解个体的年龄、遗传，以及过去所累积的经验。不仅如此，还要改变个体所在的情境来进行比较，或者是在同一情境下对不同的个体进行比较。托尔曼将先行变量用A来表示，行为变量用B来表示，情境标量用S来表示，并以公式的形式把实验变量和行为变量之间关系表述出来：B=f（S・A）。这个公式表示的意思是，对行为造成影响的因素有很多，除了环境因素以外，还有个体年龄、个体所累积的经验等因素。

在托尔曼看来，个体为什么会出现某种行为反应以及产生这种行为反应的原因，是行为主义者必须去探讨的，尽管对个体所产生的行为进行观察才是行为主义者的重要任务。也就是说，在特定情境中，对个体产生行为反应的内部过程进行推测是必不可少的。如果用公式“S—O—R”来进行解释，那么就是要对O这个中介变量进行推测。实验变量的变化会导致中介历程的变化，从而将行为变量引出。中介变量必须和实验变量与行为变量这两者之间都保持着联系。以饥饿的动物寻找食物为例，人们不能直接对动物的食物需求进行观察，但是根据动物上次进食距离现在的时间，还有动物找到食物以后进食的速度，能够对其需求进行推测与判断。这样就可以通过需求变量以及认知变量来对动物的行为进行解释说明。在这里，驱力或者是动机等是需求变量，而知觉、机能、回忆等是认知变量。很显然，行为的知识与能力是由认知变量决定的，而行为的动机则是由需求变量所决定的。也就是说，行为产生是因为需求变量，而行为的方向却依赖于认知变量。

托尔曼认为，在某些目的的指导之下，通过那些可以指向目标的符号来找出到达目标的路，这样一种新的认知组织形成了，就是所谓的认知地图。而个体学会的是达到目的的符号以及这种符号所代表的意义，而非机械的反应。在华生的理论中，在刺激作用之下，有机体学会某种反应就是学习，所以很显然，托尔曼的理论与华生的刺激反应学习理论相对立。

在托尔曼的理论之中，个体对于未来将发生的事件所做出的假设或者是个体对未来的事情所持有的信念就是期待，期待的类型有三种：一是记忆性期待，二是感知性期待，三是推理性期待。

通过以前的经验而对某件事情发生的可能的假设就是记忆性期待。在对这一概念进行解释说明时，托尔曼所使用的事例还是白鼠跑迷宫。他将一群干渴的白鼠放进迷宫之中，并在迷宫的出口放上水，等到了第10天，将迷宫出口的水换成了食物，此时，白鼠在迷宫中奔跑时候所犯的错误以及它们所花费的时间都明显上升了。这个实验说明因为白鼠的认知上有对于水的期待，所以它们的行为也就在一定程度上受此影响。而白鼠对于水的期待很显然是因为它们之前所累积的经验所导致的，也就是一种非常典型的记忆性期待。

受到目标的直接刺激而引起的是感知性期待。还是以白鼠跑迷宫为例，假设用铁丝网做成墙壁，白鼠就能够用眼睛看到水的存在，而水对于白鼠而言就是一种直接的刺激，它调节着白鼠的行为，这就是白鼠的感知性期待。

将以往的经验与现在的刺激相结合然后对将要发生的时间进行假设就是推理性期待。不过动物的行为会在现实结果与其推测结果不一致时变得紊乱。

无论是哪一种期待，都是在目标达成之前的一种预测。这种预期的结果和现实结果如果并不一致的话，有机体的行为就会变得紊乱，而无论是刺激还是反应，抑或学习，都无法解释清楚这样的现象，所以，托尔曼的符号学习理论的存在是合理的。

托尔曼认为，就本质上来看，学习实际上就是位置学习，也就是说，学习不是学会对在面对特殊刺激时做出特殊反应，而是对事物的地点进行了解，以及了解每个符号会导致的结果，从而形成对刺激情境的认知地图，这也是托尔曼一直坚持的理论。

托尔曼认为，认识的学习结果往往处在一种潜伏的状态，并不一定会表现出来，这是他将学习与操作进行对比之后得出的结论。因此，学习的表现形式就是潜伏学习，也就是说学习的结果会在这种知识需要使用时才会表现出来，并且是通过行为操作的方式来表现的。而托尔曼也通过实验的方式对这种现象的存在进行了证明。

托尔曼将食物放在迷宫的出口，并将跑迷宫的饥饿的小白鼠分成三组：第一组的小白鼠都没有得到强化，是非强化组；第二组的小白鼠总是得到强化，是强化组；第三组的小白鼠是前10天都没有得到强化，从第11天开始才对它们进行强化的，是实验组。

从实验的结果来看，实验组的小白鼠在第11天受到了强化之后表现出了明显的进步，它们的表现甚至比强化组的小白鼠还要出色。在托尔曼看来，之所以会出现这样的情况，是因为第三组的小白鼠在尚未受到强化前就已经有了学习的结果，但是并没有表现出来，而是处在一种潜伏的状态。因此这种结果在强化物出现时被表现了出来，这也说明认知因素指导着行为。

托尔曼不同于华生，他对行为主义的错误倾向做出了改变，使行为主义不再忽视内部的因素，对心理学的发展产生了重要影响。不过他也犯了一个新行为主义者都会犯的错误，那就是他的学习理论忽视了人和动物之间的区别，因为他所有的推论以及结果都是建立在对动物的实验之上的。

7. 格思里的接近条件作用学习理论

爱德文·来·格思里的理论相对于托尔曼来说，更像是一种激进的行为主义。格思里认为，学习之所以会导致行为的变化，不是因为有许多复杂的中介因素存在于学习之中，而是因为刺激与反应的接近。不过与华生以及托尔曼不同的是，格思里并不是一个实验者，他对于理论的探讨更为重视，所以他的观点并没有太多的实验支撑，这让他看起来更像是一个哲学家。

格思里虽然也受到华生的影响，但是就其观点而言，却更接近于桑代克。可是格思里认为华生的理论以及桑代克的理论中的主观色彩太过浓厚。格思里的理论别具特色，他对人类行为进行解释之时以接近条件作用为原则，对刺激与反应的接近进行强调，并且提出以吝啬律作为这一切的指导。

对学习过程进行阐述是格思里学说的主要内容。用不可观察的概念来形容学习是格思里所反对的，比如神经突触的阻力等。在他看来，学习心理学所阐述的规则必须是能够被观察到并且可以进行记录的。也就是说，格思里在对学习进行说明时所使用的是刺激和反应，因为人们无法对那些发生在神经系统的事情进行观察，但是刺激和反应却能够被观察到。

刺激分为内部刺激和外部刺激两种。来自体内的是内部刺激，比如肌肉运动时所产生的刺激；而那些外部环境所带来的刺激则是外部刺激，比如阳光、声音、炎热、寒冷等。格思里认为，人们在对自己的身体运动进行感知时是通过人体内部的肌肉以及人体关节内的感觉进行的，正如人们感知别人的行为时是通过人体外部的感觉器官一样。

从对反应的解释来看，格思里的看法与华生的看法基本一致，但是格思里有一点不同于华生，那就是他发现了如果只是将人的复杂反应归结为腺体分泌与肌肉收缩的话是有一定局限性的。他说："我们谈论一个人对于刺激情境的反应时所说的反应，只不过是选择了这个人复杂的整体反应中表现得比较突出的一个细节而已。"简单来说，就是人们观察到并且记录下来的反应是从整体反应中选取出来的。

很多心理学家以及哲学家都探索过联结的问题，比如亚里士多德、洛克等，不过那个时候人们称联结为联想。格思里在此基础上建立起了学说，他认为联结学习是接近条件作用的基础，并且它将这条原理应用到可以观察的材料上，以此来验证这条原理的正确性。格思里认为，联结就是刺激和反应形成了联系，也就是说感觉器官受到了刺激导致相应的腺体分泌或者是导致相应的肌肉收缩，正在这两者之间形成了联结。简单点来说，就是因为刺激和反应之间曾经发生过联结，所以刺激才会成为唤起反应的原因。

格思里与桑代克在强调刺激与反应的联结这一点上观点相似，但是桑代克将反应的后果当成影响联结的主要因素，这一点在格思里看来非常多余，而且太过主观。格思里认为，联结的形成用刺激与反应在时空上的接近就可以进行解释。

据此，格思里还提出了两点：第一，他并不赞同桑代克的练习律以及传统联想心理学之中的多次律，在他看来，联结的力量在刺激模式第一次与反应配对时已经获得了，并且是完全的获得。第二，新近性原则能够通过接近原则与联结一次形成的原则进行推导。

有很多心理学家对格思里的接近作用这一原理提出了不同的观点。他们认为，如果学习的唯一原则是接近，那么就无法对那些刺激与反应相隔较长的情况进行解释，因为在受到刺激之后，反应很久才出现，那就不能被称作是接近。

而格思里看来，这些并不难解释，因为刺激有外部刺激也有内部刺激，当一个反应出现时，身体本身就会产生另外的刺激，而这个刺激又会导致另外一个反应出现……如此循环往复，也就是说有无数的内部刺激流存在于外部接近和反应之间。每一个反应都与这些刺激相接近，但是有可能是内部接近也有可能是外部接近，这就实现了相隔时间很长的刺激—反应联结。

格思里所说的这种观点也就是“行为链”，不过他是相当客观的，除了刺激和反应，并没有在这个行为链中添加其他因素。

在格思里看来，刺激与反应的联结不需要复习，因为这种联结是一次形成的，因此他反对桑代克的练习律。但是，人们在日常生活中，联结的确会在复习之后得到巩固。不仅如此，人们发现，反应的稳定是可以通过刺激与反应反复多次实现的。举个简单的例子，让人们去记忆一组无意识的音节，当他们经过反复多次的练习，就会记得更加牢固。

那么，格思里对此又是如何进行解释的呢？格思里先将活动与动作进行区分：简单的肌肉收缩就是动作，而很多动作组合在一起形成了活动。而刺激和反应的联结一次形成，这里的反应指的是动作，也就是简单的肌肉收缩，所以这一类的联结并不需要强化练习。

有心理学家以巴甫洛夫的经典实验来反驳格思里的这一说法，因为巴甫洛夫的实验中，条件刺激与狗分泌唾液这一反应之间联结的建立经过了多次反复的练习。格思里也对此进行了解释，在他看来，巴甫洛夫实验的狗建立起条件刺激与狗分泌唾液这一反应之间联结实际上在第一次的实验之中就出现了。第二次实验时，尽管实验者给出的条件刺激与第一次实验给出的条件刺激相同，但是狗本身可能会出现不同于第一次实验时的形态或者是狗正在做的事情与第一次实验时不同，这也就意味着第二次实验时给出的条件刺激不可能与第一次实验时给出的条件刺激完全相同。简单来说，就是第二次实验时所形成起来的联结，实际上是一种新的联结。之后的实验也同理。当狗对每一种刺激场景都变得熟悉，与每一种条件刺激都建立了联系之后，那么只要条件刺激给出，无论以什么方式都会引起狗的唾液分泌反应。这种时候，实验者会觉得自己的实验已经成功了，但是反应与许多条件刺激建立了联系才是实际状况。

格思里认为，有些时候也是需要练习的，比如反应能够在不同的情境下被唤起。不过，练习的效果主要依存于复习条件，而非那些反复的练习。

一次的结合就能够让动作与反应之间形成联结，但是活动和刺激之间联结的形成却没有这么容易。格思里认为，活动的学习是需要进行练习的，因为活动由许多动作组成，而这些动作又与不同的刺激相联结。

不过，这样的观点在研究人类行为上使用价值不大，因为人的行为都是复杂的。

在对于动机的解释上，格思里反对弗洛伊德的说法，比如自我、超我等词，同时也反对“内驱力”这样的说法。在格思里看来，动机就是刺激，而动机应作为一种内部因素，因此，这里说的刺激主要是指那些来自体内的刺激，比如内分泌、血压、新陈代谢、疲劳产物的排泄等，这些都是行为的动力来源。

那么，行为又是怎样在这些生理状态或者说是刺激之下产生的呢？在格思里看来，激动可以通过这一类的生理状态或者刺激所引起，因此使得活动的阈限降低了。格思里还认为，只有一定类型的动作才能够消除持续的生理状态或者是持续的刺激，比如，通过吃饭，人们可以缓解因为饥饿而带来的不适；通过抓挠，人们身上受到的持续的瘙痒刺激得以解除；通过运动或者是靠近一个烧得正旺的火炉，人们可以解除寒冷。在个体自身的生理状态或者是刺激之下，引发产生了吃饭、抓挠、运动等行为。通过以上观点可以发现，格思里认为，激动是由于刺激而产生，而行为则是由于激动所引发，而活动也能够被行动所消除，这一观点与赫尔的驱力减低理论基本上是一致的，虽然格思里对于赫尔的驱力概念并不认同。

在奖励与惩罚方面，格思里认为，在奖励这一行为发生时，没有什么新鲜的方面加入到联结学习之中去，除了一些比较特殊的机械安排以外。并且在他看来，完全可以使用接近条件原理来对其做出解释。也就是说，奖励之所以能够对学习的接触进行阻止，就是因为对从前的刺激条件进行了改变。奖励一系列的行动之后的有机体，使得正在有机体身上发生作用的刺激被有机体摆脱掉了，于是奖励反应就成了最后的反应，而且奖励反应是一种非常容易被保留下来的反应。不过，奖励反应对于行为的作用并非是加强，而是保护，它使行为不会再受之后一些不正确反应的干扰。

为了对这一观点进行验证，格思里将一只猫放进了他所制作的迷箱之中，并对猫的反应进行仔细观察与记录。在格思里制作的迷箱之中有一根柱子，迷箱的门在猫碰到这根柱子时，会立即开启，猫就能够从迷箱之中跑出去，并且得到食物。

每次将猫放进迷箱的动作都没有太大差别。假如猫在进入迷箱里时，是咬了柱子得以逃脱的，那么之后它再被放到迷箱之中还会采取这种咬柱子的方式来逃脱；假如猫在进到迷箱里时，是倒退时碰到柱子然后得以逃脱的，那么之后它再被放到迷箱之中还会采取这种倒退碰柱子的方式来逃脱。当猫学会了逃脱迷箱的方法，它们在之后可以说基本都在重复使用相同的方式来从迷箱中逃脱出去。格思里对这种现象进行了这样的解释："当动物第一次从迷箱中逃脱时，它就学会了这种逃跑的方式，而且由于动物离开了原来的情境，所以新的联结也就不会被动物获得，因此它才没有将学到的这种动作遗忘掉。而之所以要在它逃脱迷箱之后向它呈现食物，是为了防止学到的动作被解除，而非强化这一动作。"

也就是说，猫从迷箱中逃脱的动作会重复是因为这个动作使它得以从迷箱中逃脱，这也就是新的刺激——反应联结形成被阻止。而迷箱中的猫这种重复的反应行为，也使得格思里的学习律得到了证实。

格思里认为，使一个引发不正确反应的刺激去引发一个能够被人们所接受的反应就是惩罚所产生的作用。原来的联结因为惩罚而被打破，也就是说，之前引发不正确反应的刺激与其带来的反应之间的联结被打破，而这个引发不正确反应的刺激与正确的反应之间形成了新的联结。

但是格思里也指出，惩罚并非是什么情况下都能够使用的。如果想使用惩罚的方式来将原有的习惯打破，就要看在一个会导致不良行为出现的情境中，被惩罚的个体是不是可以做出一些别的行为。他认为，假如这一点无法做到，那么惩罚就无法打破原有的习惯，而且还会让个体因为他所犯下的不良行为而感到兴奋。

格思里说："我们能够从一个个体在情境中的所作所为中看出奖励与惩

罚的效果。从刺激与反应方面进行分析，就能够知道奖励与惩罚是不是真正奏效。个体所犯的错误究竟是在什么样的情况下做出的呢？想要对这样有害的行为进行改进，就得对犯错的个体进行引导（奖励或者惩罚），使他能够在同样的情景下做出无害的行为甚至是有益行为。而想要使同一情境与无害行为有益行为形成联系，就只能是通过这样的方式来进行。”

格思里对于惩罚的看法可以概括成以下几点:（1）引导受惩罚者做出正确的行为才是惩罚的根本目的;（2）必须有一种不同于被惩罚行为的行为出现才能说惩罚是有效果的;（3）引发被惩罚行为的刺激与惩罚共同使用;（4）以上条件需要满足，不然可能会出现被惩罚行为受到加强的情况。

联结之所以能够形成是因为刺激和反应的接近，假如一个反应与一个新的刺激之间形成了新的联结，那么这个反应与原有的刺激之间形成的联结有可能会受到抑制，旧的反应也不会被这个新的刺激唤起。这种在学习过程中原有的刺激与反应的联结被解除的情况，被格思里称作联结的抑制。

遗忘也是同样的道理。不过，人们往往不会认为这是因为有另一种积极的学习产生了新的反应代替了之前的反应，而认为这是时间在流逝的原因。格思里认为，遗忘和联结的抑制之间的差别就在于观察者出发点的不同，其余都是相同的。在他看来，假如一个旧的反应被一个新的反应所替代是观察者的兴趣所在，那么这就是联结的抑制；假如不去培养新的习惯，也不去观察代替旧反应的是什么样的新反应，只是依靠时间的话就是遗忘。

格思里认为，倒摄抑制就是遗忘出现的原因，也就是说旧的学习材料被新的学习材料所干扰。这种现象是存在的，这一点已经通过实验得到了证实，不过时间的流逝也确实会产生一定的作用。

格思里还提出了三种解除联结的方法：一是把一些可以引起强烈反应的刺激物与刺激同时展现出来；二是疲劳法，就是说向个体反复呈现同一种刺激，等反应疲惫的情况出现以后再继续呈现这个刺激一段时间，之后再用新的反应来代替之前的那个反应。三是采用循序渐进的方式来呈现刺激物，从微弱的数量开始渐渐增加，使个体在这个刺激物前做其他的事情成为一种习惯，也就是说在这个刺激物面前形成一种新的联结。第三种方法在消除不良行为的现代行为矫正技术之中常常使用，也就是所谓的系统脱敏法。

格思里注重理论研究与社会实际生活相结合，他的理论重点在于解决生活中的一些日常问题，比如教育、行为矫正、心理治疗等等。他往往以生活中最为常见的例子来对心理学中复杂的问题进行阐述，简明扼要的理论吸引了当时很多心理学家。他的学习理论被许多心理学家称作现代最具生命力的学习理论之一。

8. 赫尔的逻辑行为主义

克拉克·列奥纳多·赫尔的逻辑行为主义曾在行为主义心理学中风靡一时，也被称为假设–演绎行为主义。使用逻辑的语言以及数学来对行为进行解释是这一理论的最大特色。

赫尔在耶鲁大学任教期间，有两个方面是他研究的重点：一是制造出一个能够学习和思维的机器，二是对学习过程进行深入研究。因为在赫尔看来，人是一种能够思维并且能够学习的机器。他在对人的行为反应进行解释时所采用的是牛顿的观点，也就是整个宇宙其实是一个巨大的机器这一观点，同时也结合了巴甫洛夫的条件反射学说。

赫尔还提出了客观化学说，这点与华生的行为主义有着很大的不同。因为华生对理论并不重视，而赫尔想要建立的，却是一种“理论心理学”，他想在对人类的目的性行为进行解释时按照机械定律来进行。

赫尔的逻辑行为主义体系就是以欧几里得的数学演绎系统和牛顿的物理演绎系统为范型发展并形成的。赫尔认为，只有对科学的方法论进行更加深入的研究才能够将一种可靠的科学理论体系建立起来。在他看来，科学的方法论有三大特征：第一，以一套表述清晰的公设为出发点，对重要的术语下定义，这个定义必须是明确而又具体，并且具有操作性的。（2）以公设为出发点时，对包含相关领域的主要现象定理进行演绎，演绎时要尽可能地使用最严格的逻辑。（3）自定理的表述上需要与事实一致。所以，在赫尔看来，通过对事实进行观察以证明正在研究的某种假设的正误是科学研究最大的特点。因此，赫尔在进行逻辑行为主义研究时遵循的也是这种方式。

赫尔理论的出发点在于有机体对于环境的适应性行为。他之所以会以此为出发点，是因为他受到了达尔文进化论的影响。赫尔认为，有机体和环境之间的相互作用就是行为。在这个相互作用里，人们可以在环境中找到一个切实的落脚点，这是因为环境所提供的刺激以及有机体自身的反应都是客观的，并且人们还可以对其进行观察。

赫尔认为，那些在有机体内部所发生的事虽然无法去观察，但是可以通过一些方式进行推断，比如假设有一些中介变量，并将刺激与反应的两端与这些中介变量相联结，这样就能够将那些推断建立在能够观察的事实之上。这就使得人们在从事客观科学研究时使用逻辑演绎变得更加容易。

十几条公设以及由此提出的一百多条定量和附律组成了赫尔的逻辑行为主义体系统，关于学习或者是行为的基本观点几乎都包含于其中。

感觉神经冲动由环境刺激所引起，而且在刺激消失后的一段时间内，这种神经冲动仍存在。于是，赫尔假定刺激痕迹是存在的，刺激痕迹与反应相联结，所以赫尔提出了一个不同于传统公式S——R的新公式S——s——R，刺激痕迹就是s。而神经冲动也会由刺激痕迹引起，而最后，这种神经冲动导致了外显反应的出现。所以，赫尔对公式进行了进一步的修改：S——s——r——R，其中，环境刺激是S，s则是代表了刺激痕迹；外部反应是R，而r则指的是运动神经冲动。在赫尔看来，想要解决传统行为主义中所遇到的难题并不困难，只要将刺激痕迹以及运动神经冲动考虑进去，这些问题就能够得到解决。但是从实际情况上来看，无论是刺激痕迹也好，还是运动神经冲动也好，都仅仅只是生理功能的一小部分而已，并不能代替心理的作用。

赫尔认为，对行为进行预测的困难就在于行为的出现基本都不会是单一刺激的结果。行为是由多种刺激以及多种刺激痕迹共同决定的。

在赫尔看来，有个天生的反应族系存在于有机体之中，比如眨眼、喝水、吃饭等，这些是与生俱来的反应，也就是非习得性行为。他认为，这样的先天反应并非单一反应，因此才选择使用族系这一概念，也就是如果问题没有在第一个反应出现时得到解决，那么第二个反应就会立即出现；第二个反应的出现依然没有使问题得到解决，那么第三个反应就会出现；以此类推。而新的模式则会在先天反应无能为力时出现。

对于格思里的接近条件作用学习理论，赫尔是赞同的，并且他还将接近作为学习的必要条件，同为学习必要条件的还有强化，假如只接近而不强化的话也是不行的。假如某种刺激导致某种反应的出现，而某种生物的需求因为这种反应的出现而得到满足，也就是内驱力被降低，这就加强了刺激与反应之间的联结。假如反应和内驱力的降低常常联系到一起，那么就会使得刺激与反应间的联结变得更为牢固。

赫尔从中总结出了两条附律：（1）一级强化物。它是那些可以使有机体的生物需求得到满足的强化物，有机体的内驱力在这种强化物的作用下会迅速降低，于是一级强化就这样产生了。（2）二级强化物。所谓的二级强化物指的是本身无法降低内驱力的中性刺激，但是由于它们可以与一级强化物产生联系，所以也能够强化刺激与反应间的联结。

刺激和反应之间的联结的力量就是习惯力量。赫尔认为，在每一次尝试都会被强化的前提下，习惯力量会随着尝试的次数增加而增强。赫尔为了表达这一思想，列出这样一个公式：

SHR=1-10-0.03050N

在这个公式里面SHR所代表的是习惯力量，而N指的是强化次数。函数的最高限度为1.00。通过这一公式可以看出，对学习影响最大的是早期的强化，强化的效果会随着强化次数的增加而降低，当强化次数到达一定数量之后，这种强化对学习将不会再产生什么影响。

在赫尔看来，假如当一个反应被一种刺激唤起，那么与这个刺激相类似的另一种刺激也可以将这个反应唤起，第二个刺激与第一个刺激的相似度越高，那么这个反应被唤起的程度也就越高。所以说，现在的学习会受到以往经验的影响。也就是说，在条件相似的情况之下，在新的情境之中可以运用以往的学习。这样的习惯力量被赫尔称作泛化的习惯力量，因为这是通过泛化刺激而产生的。

在一个特定的时间内，一个习惯反应出现的可能性被称为反应潜能。赫尔认为，是习惯力量以及内驱力共同决定了反应潜能，假如失去了内驱力只有习惯力量，那么有机体就不会表现出反应的需要，这就使得反应不发生；假如只有习惯力量而失去了内驱力，那么有机体所表现出来的反应一定会是不恰当的。失去了习惯力量和内驱力中的任何一个，反应潜能都变成零。

赫尔指出，反应会导致疲劳，而疲劳则会让有机体产生反应抑制。反应需要有机体不断进行工作，而这很显然会导致有机体疲劳，从而使有机体产生抑制反应，不过这种抑制反应是与疲劳相关的，所以当有机体不再工作，疲劳得到缓解时，这种抑制反应自然就会消失。

疲劳可以说是一种消极的内驱力状态，想要降低这样的内驱力，不应答，也就是停止反应是一种最好的方式。不应答也具有强化的特性，因为它能够降低疲劳的内驱力。赫尔将这种不应答称作条件抑制。在抵制习得性反应发生方面，条件抑制与反应抑制都起着很大的作用，所以赫尔认为应当将反应潜能中的这两个因素去掉，这样得到的反应潜能才是最为有效的。

赫尔假设存在抑制性潜能，而习得性反应受到这种抑制性潜能的抵制，但是这种抵制作用会随着时间而发生变化，并不稳定，于是它就被赫尔称作波动效应。这是赫尔理论中的一个相当重要的概念。习得反应有时会发生，而有时却没有发生，这种情况就可以用波动效应来进行解释。在赫尔看来，假如想要得到一个对行为反应潜能能够进行更加精确预测的公式，那么就需要将波动反应从中拿掉，这样才能够使这个有效的反应潜能可以在任意时间内发生作用。

这些对行为和抑制消退的说明表明一个习得反应若是不断地重复发生，而且还得不到强化，那么这个反应就会慢慢被削弱，最后消失。

在早期的训练中，因为训练的次数还比较少，也就是说强化次数还比较少，所以条件抑制与有效的反应潜能这两者之间的水平是非常接近的。这种时候，在某些尝试中，某种习得反应会被引发，而在另一些尝试之中却没有引发这种习得反应，这就是波动效应的影响。反应不出现，是因为有些时候从有效反应潜能当中去掉的波动反应比较大，使得条件抑制的值比反应潜能的值要大。而随着训练次数的增加，反应出现得也多了，这是因为波动效应的影响在减弱，条件抑制的值要比反应潜能的值小。

刺激与反应之间的时间差被称为潜伏期，也叫作反应时。赫尔认为，反应时会随着有效反应潜能值的增加而减少。而且反应消除的抵抗力量也是由有效反应潜能值决定的，所需要的非强化反应的次数会随着有效反应潜能值的增大而增加。若是在同一个情境之中出现发生两个或者两个以上反应的趋势，那么有效反应潜能值大的那个反应会占据优先地位。

后期时，赫尔对自己的理论做出了一部分修正。在赫尔早期的理论之中，强化量的大小在赫尔看来是一个学习变量，也就是说学习的质量以及速度受到强化量的影响，内驱力的降低程度会随着强化量的增加而变大。但是对强化量影响最大的是操作。比如训练白鼠奔跑，假如训练期间给白鼠的食物要比白鼠学会之后多，那么白鼠的奔跑速度就会慢下来。这一现象是由美国心理学家克里斯皮发现的，因此强化量对操作的影响也被人们称作是克里斯皮效应。

赫尔根据克里斯皮效应修改了自己早期的理论，也就是不再将强化量的大小看做是一个学习变量，而是将其看作一个操作变量。强化物的大小在学习过程中不会对联结的形成造成太大影响，不过当联结形成时，强化量就会影响这个联结的操作。

在赫尔早期的理论中并未考虑到反应潜能会受到刺激强度的影响，后期时他对此进行了修正，他认为，一个习得性反应发生的可能性会随着刺激强度的变化而变化：假如刺激强度越大，那么反应发生的可能性也会越大；假如刺激强度越小，那么反应发生的可能性也就越小。也就是说内驱力、习惯力量、强化量、刺激强度中只要有一个因素是零，那么反应潜能就会是零。简单来说就是行为的发生不能缺少以上四个因素中的任何一个。

赫尔早期认为起到强化作用的是内驱力的降低，则认为起到强化作用的是内驱力刺激的降低。举个例子，如果水是强化物，嘴唇和口腔的干燥可以通过喝水来消除，口渴的内驱力的刺激迅速得到了降低，这就给了强化物快速与直接的效应一个合理的解释。而早期的理论却无法对此进行解释，因为按照早期理论，水需要经过嘴、喉、胃，然后经过消化进入血液，之后反映给大脑，这样才能降低口渴的内驱力。但是很显然，这个过程需要的时间太长，对于强化物快速与直接的效应无法进行合理的解释。

在后期修正理论时，赫尔提出了一个新概念，这就是“零星超前目标反应”。以白鼠跑迷宫为例，白鼠被放进到起点，等它到达终点时能够获得食物的强化，也就是一级强化物的强化。因为经典条件反射，终点的其他刺激物慢慢地变成了二级强化物，之后，通往终点的路也慢慢变成了二级强化物。于是白鼠通过条件作用，对这些二级强化物产生了条件反应，这种条件反应有些类似于无条件反应，比如唾液分泌等。得到食物之前，白鼠对这些中性刺激所产生的条件反应并不是完整的消化反应，而是一些零碎的反应，所以才被称为“零星超前目标反应”。

零星超前目标反应能够导致本体刺激，这也是其最为重要的功能。这就与格思里所说的刺激是由运动所导致的相类似。零星超前目标反应和本体刺激是不可分割的，本体刺激会在零星超前目标反应产生之后产生。

对于连锁反应学习，赫尔也是用零星超前目标反应来解释的。他认为，白鼠在经过多次跑迷宫的训练之后，离开起点的信号就是起点的刺激，因为离开起点就说明距离二级强化物越来越近。

赫尔后期还对习惯簇系等级系统进行了修正。习惯簇系等级系统是一套习惯系统，它由同一个目标刺激结合起来，排列时按照优先顺序来进行，并且与不同的反应潜能相联系。当有机体向着目标前进时，很多反应都会被一个特殊的本体刺激唤起，能使有机体以最快的速度接近强化的那种反应就是有机体会去选择的反应，并且只要面临多种选择，有机体所选择的反应总是那个能够让自己最快得到强化的。还是以白鼠跑迷宫为例，在迷宫之中白鼠能够选择的道路有很多，但是它总是会选一条距离目标最短的路，这是因为选择这条路就会花费比较少的时间，也会让强化以最快的速度实现，反应潜能也最高。假如有机体在向目标前进的过程之中遇到阻碍，那么往往最先出现的行为习惯有着很高的反应潜能，若障碍无法克服，那么紧接着出现的行为习惯则是有着比之前次一级的反应潜能，就这样，一直到障碍被克服为止。

在20世纪40–50年代，赫尔的理论在行为主义心理学中占据着支配地位，他的理论成为标准的行为理论，可以说那是一个属于赫尔的时代。据统计，当时引用赫尔的论文与著作中关于学习与动机研究的论文超过了论文的总体三分之二。赫尔的逻辑行为主义体系既客观化又数量化，填补了华生在摧毁内省意识心理学之后的行为主义理论空白。他的理论采取演绎推理的方式，从公设开始，再推导出相关定理，之后通过实验加以验证。无论是支持他的人还是反对他的人都针对他的理论观点展开了实验研究，这无疑推动了实验心理学的发展。

9. 斯金纳的操作行为主义

波哈斯·弗莱德里克·斯金纳是新行为主义学习理论的创始人，他受到巴甫洛夫条件反射概念的启发，在对行为进行分析时使用条件反射作为行为单位。行为是行为主义的研究对象，而斯金纳认为，直接对行为进行描述并且通过研究发现行为本身的规律是操作行为主义的主要任务。在他看来，心理学就是一种行为科学。

斯金纳认为，心理学中将行为作为研究对象的过程有三个阶段：第一个阶段是提出动物界的心理连续性问题，这是达尔文根据其进化论的思想提出的的，并且还将心理官能归属于一些低于人类的动物。第二个阶段是摩根提出吝啬律，认为低等生物的行为和高等生物的行为之间有着很大的不同，需要用简单、低级的心理规律来对动物的心理进行解释，用高级运动规律来进行解释是不行的。第三个阶段是华生建立了行为主义体系。

不过，对于华生确定的行为研究目标，斯金纳并不赞同。华生认为，反应能够在刺激已知的情况下进行预测；有效刺激的性质也能够在反应已知的情况下被具体说明，并且他在寻求行为问题的答案之时并不是以行为本身作为出发点，而是将行为科学变成了讲述腺体分泌和肌肉收缩的生理学。而斯金纳认为，想要对行为进行准确的控制和预测，就需要以丰富的实验材料为基础，通过对行为进行实验研究并加以分析，发现其中包含的数量关系。

斯金纳认为，行为是一个有机体正在做的事情，或者是说另一个有机体所观察到的这个有机体正在做的事情，而不是有机体通过活动所表现出来的外显反应。不过这并不意味着任何一个活动事例只要能被观察到就属于行为的范围。准确来说，一个有机体的机能之中，那些对外界起到一定作用或者说与外界打交道时候能够起到一定作用的那个部分才是行为。

很显然，感知、记忆等这些在有机体内部所发生的事情都包含在斯金纳对行为的界定之中。不过，斯金纳在对这些心理过程进行解释时并不使用传统心理学中的术语，在他看来，这些过程发生在有机体的内部，并且这些在内部所发生的事情也同样具有物理维度，这一点和外部公开的事情没有什么区别。然而，这样一来，行为和意识就被混淆了，将人类高级、复杂的心理过程还原成为简单的物理运动，显然是一种还原论的观点。

斯金纳理论体系中的一项重要内容就是操作–强化说，它还是操作行为主义的理论基础。

有机体的行为在斯金纳看来分为两种，一种是应答行为，一种是操作行为。由先行刺激所引起的是应答行为；自发的、没有明确先行刺激的是操作行为，人们在日常生活中所做的动作以及活动有很大一部分都是操作行为。也就是说，刺激控制的是应答行为，而结果控制的则是操作行为。

应答行为和操作行为的条件作用形成机制也有很大的不同，应答行为的条件作用形成机制是巴甫洛夫的经典条件反射机制，而操作行为的条件作用形成机制则是操作性条件反射机制。华生对有机体所有的行为都用经典性条件反射机制来说明，而斯金纳则认为操作行为才是大多数人所表现出来的行为，于是在他的研究中，操作性条件反射才是重点。

那么建立操作性条件反射的原则是什么呢？斯金纳对其进行了阐述：（1）假如有强化刺激物跟随在反应之后，那么这个反应就很可能会重复出现；（2）假如想要增强条件反射速率，强化刺激是能够作为任务事件的。在人类的行为以及许多动物的行为中，斯金纳的这些原则都得到了验证。比如，关在笼子中的小白鼠，偶然碰到笼子中的一根柱子，结果有食物落了下来，于是白鼠进行了反复的尝试，然后就学会了触碰柱子这一行为，这就是十分典型的操作性条件反射的建立。再比如，婴儿在一个很偶然的情况下发出一声“妈”，孩子的母亲听了非常开心，面带笑容地对婴儿进行爱抚，不久之后，婴儿就学会了冲着母亲喊“妈妈”。在这个事例中，强化刺激是妈妈对婴儿的微笑以及爱抚，操作行为则是婴儿喊出“妈妈”的声音。

在很多场合里，操作性条件反射原理都是适用的。这一原理能够帮助人们消除自身的不良行为，帮助人们发展人格，而且人们还可以借此对文化以及社会规范的连续性进行解释。

对于操作性条件反射的消退，斯金纳是这样认为的：停止强化操作行为会导致消退。强化在反应之后立即停止，此时有机体的行为还会持续反应一段时间而不是立刻停止，之后反应渐渐消失直到不再出现，这一过程就是消退的过程。消退在操作行为主义理论体系之中是一个计算操作反射力量的指标，也就是说对反应力量进行测量时，将消退过程所消耗的时间长短作为一种测量手段。反应的量，也就是操作性条件反射的力量越强，消退过程消耗的时间就越长；而这种力量越弱，消退过程消耗的时间就越短。比如，多次用食物对白鼠触碰柱子的行为进行强化之后，停止白鼠的食物强化，但是白鼠依然会去触碰柱子，直到250多次以后才停止了触碰柱子的行为；而在一次食物强化之后就停止的话，白鼠触碰柱子的次数仅仅只有50多次。

在斯金纳看来，日常操作行为受到强化的机会并没有规律可循，而且也并不均匀，因此通过间歇的强化来对反应进行维持或者加强的实验课题具有非常广泛的社会意义。斯金纳在经过了一系列的实验研究之后，通过总结，得出了一套强化作用模式，这套模式非常复杂，其中包括连续强化、比率强化以及间隔强化。

对有机体的每一次操作都予以强化，这就是连续强化，不过这种方法在应用方面面临着很大的困难，基本是不会实现的。

强化了有机体的操作之后，每隔一段时间对有机体的操作再进行一次强化，这就是间隔强化。间隔强化有两种，一是固定时距强化，二是变异时距强化。

固定时距强化是在强化操作反应时按照固定的时间以及固定的间隔进行。比如，不管有机体间隔期间反应做了多少次，都是每隔5分钟强化一次。不过这样的强化模式的缺点也非常明显，那就是有机体的反应只有接近终点时才会变快，在起点时候的反应很慢，有时候还不反应。因此，通过这样的方式强化的反应率并不高，而且建立起来的操作性条件反应也无法长久维持。

使用变异时距强化的话，只有平均时距是规定好的，其余并不固定。比如，平均5分钟就对反应强化一次，但是第一次强化和第二次强化之间的时间差可以大于5分钟，也可以小于5分钟。在这种强化模式下形成的操作性反射通常情况下不会消退。

斯金纳之所以对强化模式进行研究，就是为了能更好地对行为进行预测和控制提出一套切实可行的行为控制计划。

想要建立操作性条件反射就需要等有机体操作出现理想的行为反应，但这种理想的行为反应并不是每一次都会出现，只能耐心地等耐。斯金纳认为，这个问题并不难解决，只要对行为进行塑造就可以。他认为，可以循序渐进，先对一个类似于理想反应的行为进行强化，之后再对理想反应进行强化。在行为塑造方面，有两点比较重要：一是要求有机体能够分辨刺激，并且在面对刺激时知道应不应该做出反应；二是要求连续接近，使得反应分化。

在对情绪以及内驱力进行解释时，斯金纳为了使其理论保持客观，所以使用的概念也比较客观。在他看来，内驱力代表的是一组操作而不是心理状态或者心理条件。对动物的进食时间进行测试，能够看到一组意义等同于饥饿的内驱力的操作。情绪也是这样，比如，之所以会觉得伤心，是因为强化物被取消；强化物不断出现所以感到快乐；等等。

斯金纳认为，与一级强化物配对的中性刺激也有着自己的强化特性；二级强化物可以显示一组操作，并将会获得强化的信号，也就是说它是一个辨别刺激。一些概括性的强化物会在二级强化作用下出现。在斯金纳看来，一个条件刺激物会在它与很多一级强化物发生联系时被概括化，并成为概括化的强化物。

在人类言语行为的研究方面，斯金纳认为可以使用操作性条件反射原理来进行。在他看来，言语行为这种专门化的行为需要别人精神的中介来进行强化。比如一个人想要喝水，于是他说出“我想要一杯水”这句话，他所从事的是一种声音模式的行为，而这种行为促使另外一个人拿给他一杯水。在这一过程中言语行为发挥其效果必须通过他人的中介，假如听的人对于说话的人的话没有反应，那么言语行为也就不存在了。

早期的行为主义只关注巴甫洛夫的经典条件反射，忽视了操作性条件反射，而斯金纳则发现了操作性条件反射的重要意义，他通过各种大量的实验证实了操作性条件反射更多地控制了有机体的行为，并对操作性条件反射的基本原理进行了详细的阐述，使人们更加了解行为本身。

斯金纳在最初进入心理学界时就已经将目光投向了应用领域，在他看来，理论是应该为实践服务的。因为他强调实际应用，所以他的影响已经不仅仅是局限在心理学的学术领域了，他的社会控制计划让他成为一个全民皆知的心理学家。

不过斯金纳也常常受到批评，因为他用于解释人类行为的操作性条件反射原理是建立在动物实验的基础之上的，没有注意到动物行为与人类行为之间的巨大差异，有一种动物学化倾向，从而使得在解释人类行为时过于简单和片面。对一些内部的心理因素，比如意识、心理、认知等，斯金纳以一种物理主义的观点来看待，他认为无论外部行为还是内部行为都是物理性质的，很显然，他的观点是一种还原论的观点。除此之外，斯金纳还认为对行为原因的理论假设并没有什么用处，对行为的描述才是最为重要的。这无疑给心理学的发展带来了一些消极的阻碍。

10. 班图拉的社会认知行为主义

阿尔伯特·班图拉与其他的行为主义者有很大不同，他是一个温和的新行为主义者，应该说他是一个新的新行为主义者。班图拉坚持行为主义基本原则，但是又吸收了认知心理学的概念，在行为主义中开辟了一条新的路径。

意识、认知这些带有主观色彩的概念在传统心理学中是被拒绝的，而班图拉却大胆地使用，他认为认知过程对于人类的行为可以起到一定的调节作用。不过，即便如此，可观察的行为依然是班图拉最为重视的研究目标。

班图拉认为，信念、思维、期待等认知过程对于人们的行为能起到一定的调节作用，人们的行为可以通过改变其认知过程来改变。因此，班图拉指出，在研究行为的过程中，要了解认知过程，只研究行为而脱离了认知过程，就会陷入还原论之中；而且想要有正确的认识行为，就不能仅仅只从环境刺激和动作反应这两方面出发，因为认知过程会调节人的行为。他还指出，未来的结果能够在人的想象与思维中预见，而这种预见的结果的认知表象能够成为人们行为的动因，从而发挥一定的作用。在班图拉看来，在行为产生的过程之中，认知过程所发挥的作用及其所带来的影响是积极的，而不是其他行为主义者所认为的消极、被动。所以，班图拉认为，在进行行为研究时一定要与认知相结合。

传统行为主义都是在个体经验的基础之上建立学习过程的，它的范围局限在个体的水平之内，而班图拉注意到了传统行为主义的局限性。他在对学习过程进行研究时非常注重社会因素、社会规范、榜样等，对于行为塑造以及控制方面所起到的作用。

观察学习也称替代学习。班图拉认为，在观察学习的过程中，学习者可以通过观察被示范的动作反应而学会这一动作反应，在这一过程中并不需要外显的操作。他以此对学习和操作进行了区分。除此之外，他认为在观察学习的过程之中，强化并非关键因素，但是认知过程却发挥了很大作用。

观察学习的对象有可能是活生生的人，也有可能是书中或者电影里那种以符号的形式存在的人，还有就是那种通过语言描绘出的一些带有典型特点的人。而观察学习也有着不同的方式：（1）直接观察学习；（2）抽象性观察学习；（3）创造性观察学习。在日常生活中，大多数的观察者都是在进行简单的模仿，也就是直接观察学习。也有一些观察者会通过其他人的行为总结出一些规则，然后将这种规则体现在自身的行为之中，而不是单纯地对反应进行模仿，这就是抽象性观察学习。还有一些观察者会从不同的人身上总结出各种不同特点，并将这些不同的特点整合在一起，从而形成一种新的行为方式。

班图拉还认为，通过观察而产生学习的原因是这些榜样产生了信息功能，也就是说，通过榜样所获得的符号表象被转码然后储存在个体的记忆中，并且可能会指导个体未来的活动。而这个学习过程会受到注意过程、保持过程、再造过程和动机过程的影响。

（1）注意过程。在班图拉看来，假如观察者不能精确地知道示范行为的特点并从中抽取有用的信息，那么他就无法学到什么。而之所以会出现这样的现象，是因为有很多因素影响着注意过程。在示范活动中，一些简单的而又显眼的往往吸引人去学习；一些成功的行为模式会吸引人去学习，因为在这样的情况下人们会受到期望的影响；一些能力比较强、社会地位比较高的榜样会吸引人去学习，因为在人们看来，这些榜样的行为模式有着非常大的实用价值。观察者往往会主动对自己的注意方向进行调节，而非被动地去接受那些示范信息，在这种情况下，观察者的认知过程就会起到重要作用。社会因素对观察者的影响也很明显，观察者通过自己经常接触的人或者群体，能够对一些行为模式进行反复观察，这也是观察者最容易学到的。

班图拉认为，最容易引起观察者注意的是那些有用的行为，无论这种“有用”是对榜样还是对观察者。显然，班图拉将行为的实用价值摆在非常重要的位置。不过这也能够看出，班图拉的这种观点属于典型的强化论观点。不过他与传统行为主义之间的不同之处就在于他是将强化的影响放在操作之前的，而传统行为主义则将强化的影响放在操作之后。

（2）保持过程。在班图拉看来，当一些示范信息经过选择性注意之后进入记忆系统，而观察者记不住的话，那么就不会从中得到什么收获。这些示范信息只有保持在记忆系统里，才能在没有示范活动出现的情况下指导观察者。当长时记忆之中有瞬间示范的经验通过符号的中介进入之时，人们就能够通过这种高度发展的符号化能力，在经过观察之后学会许多行为。

（3）再造过程。行为的再造这一过程不仅是从内到外的，也是由概念到行为的，在这一过程中，行为由示范信息转化而来，这些示范信息是以符号形式编码的。观察者自行学习时能够形成符号表征物来形成和保持示范行为，但是想要再造示范行为还是可能出错，尤其是一些要求熟练度高的行为，比如小提琴演奏、开车、滑冰、画画等。

（4）动机过程。经过前面三个过程，观察者可以说已经基本掌握了示范行为。但是，获得与表现是两回事，人们往往不会将他们所学到的表现出来，所以区分示范动作的操作和示范动作的获得就变得尤为重要。

在班图拉看来，有三种诱因影响着观察所获得的行为：

一是直接诱因。假如有价值的结果能够通过获得行为得到，那么人们往往会操作那些通过观察获得的行为；如果获得的行为可能会导致人们受到惩罚或者是得不到有价值的结果，那么人们就很少去操作这些行为。这种诱因通常有这样几种形式：令人愉快的感受、物质的奖励、积极的社会评价等。

二是替代诱因。这一类的诱因产生作用的情况与直接诱因大致相同。很显然，这种通过观察获得的行为中，人们对那些对于他人而言有用的行为会表现出来更多。简单来说，就是看到他人通过这种行为获得成功或者是受到奖励，人们就会更多地去操作这样的行为；看到他人因为这种行为而失败或者是受到惩罚，那么人们就会减少这种行为的操作。

三是行为的个人标准。假如人们对自己所操作的行为感到满意，那么就会更多地去操作这种行为；假如人们对自己所操作的行为感到失望，那么就会减少这种行为的操作。对于行为调节而言，自我生成的诱因是对其产生影响的重要因素之一。

班图拉的理论将信息加工认知心理学的观点与行为主义的理论进行了有机结合，在强调行为操作因素的同时，不忘行为获得过程中出现的内部因素，于是班图拉的理论中就透露出了一种行为与认知的综合趋向。

在观察与学习的过程之中，班图拉对社会因素的影响十分重视，这就改变了当时传统的学习理论中只重视个体自身的影响而忽视了社会影响的思想倾向，将社会心理学与学习心理学结合在一起共同研究，促进了学习心理学的进一步发展。

同时，他也指出了传统学习理论的缺陷，那就是忽视了社会动因在学习过程中发挥的的作用。由于心理学家对于直接经验基础上的学习格外注意，因此也就无心去注意那些通过对别人进行观察而进行的学习。于是，班图拉通过研究，打通了学习论和实验心理学之间的道路，这在社会心理学领域以及学习心理学领域产生了重要的影响。

对观察学习的过程以及作用，班图拉用认识的术语对其进行了阐述，这就使传统行为主义忽视中枢过程的倾向得到了改变。而且班图拉还认为，社会因素以及认知过程在人类的学习过程发挥了重要的作用，所以班图拉的实验中被实验的对象以人为主，改变了传统行为主义从动物实验中推论人类行为的错误倾向。他在最初创建自己理论时就反对从动物实验中推论人类行为。他认为，要想改善行为主义的形象，就需要以人为对象进行心理学研究。正是因为班图拉的努力，才使得行为主义者开始重视人类学习的特殊之处。